VOYAGE EN ISLANDE

RÉDIGÉ D'APRÈS LES NOTES

D'UN OFFICIER SUPÉRIEUR

DE LA MARINE DE L'ÉTAT

PAR

ÉMILE CHEVALET

TOURS

ALFRED MAME ET FILS

ÉDITEURS

VOYAGE

EN ISLANDE

SÉRIE PETIT IN-8°

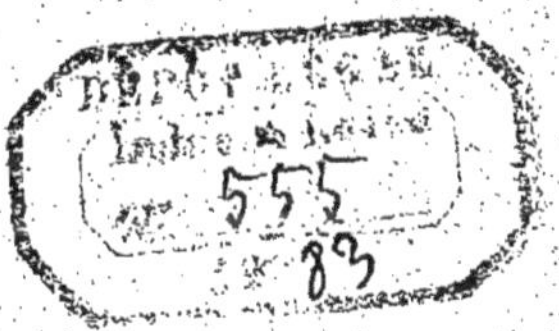

Geyser d'Islande.

VOYAGE
EN ISLANDE

RÉDIGÉ D'APRÈS LES NOTES

D'UN OFFICIER SUPÉRIEUR

DE LA MARINE DE L'ÉTAT

PAR

ÉMILE CHEVALET

TOURS

ALFRED MAME ET FILS, ÉDITEURS

M DCCC LXXXIII

Quand vous jetez les yeux sur une mappemonde, vous apercevez dans les régions de l'océan Glacial arctique une grande île, qui, par sa situation, semble plutôt appartenir à l'Amérique du Nord qu'à l'Europe, et qui est célèbre par le volcan qu'elle renferme : c'est l'Islande, voisine du Groënland, et, comme le Groënland, appartenant au gouvernement danois.

Bien que plusieurs ouvrages aient été déjà publiés sur l'Islande, c'est un pays peu connu, surtout par nos touristes, qui préfèrent voyager en Italie, en Suisse, sur les bords du Rhin, et qui n'affectionnent pas généralement les contrées septentrionales.

Je ne prétends certainement pas que le récit que je vais faire d'après des notes prises sur les lieux durant deux étés passés sur les côtes, inspire à beaucoup de gens le désir de faire un voyage en Islande; mais je suis convaincu que le lecteur me saura quelque gré de lui avoir fait faire connaissance avec les sites grandioses de cette île, et de l'avoir initié aux mœurs de ses habitants.

VOYAGE
EN ISLANDE

PREMIÈRE PARTIE

I

ARRIVÉE EN ISLANDE — REYKIAVICK

Ce fut au milieu du mois de mai, vers cinq heures du matin, que nous aperçûmes la terre d'Islande. Le soleil était levé depuis longtemps, la mer était très calme, et l'air avait une transparence merveilleuse, qui permettait de saisir les plus petits détails des objets qui se présentaient à nous.

Vers le nord, on distinguait un amas de terres blanches, diamantées par les rayons du soleil, et auxquelles les ombres fortement accusées donnaient à la base une teinte bleue. Le spectacle de cette neige étincelante, sortant des flots, était de ceux dont aucune description ne donnerait une idée exacte.

Le navire marchait vite, poussé par la brise sur une mer plate comme un miroir. Bientôt les contours du littoral devinrent plus distincts, et peu à peu la terre d'Islande se leva devant nous dans toute sa majesté. Tout autour de nous voltigeaient les oiseaux de mer, poussant leurs cris mélancoliques, et des baleines, lançant à la surface des eaux leur jet d'humide vapeur, semblaient nous souhaiter la bienvenue.

Bientôt la position fut reconnue : nous avions devant nous le cap Portland; et la frégate continuant sa course rapide atteignit les îles Wesmanna, singulier amas de roches émergeant de l'onde sous les formes les plus bizarres, et, le lendemain, mouillait devant la capitale de l'île, dans la rade de Reykiavick.

Il faut convenir qu'au premier aspect cette capitale n'a rien d'enchanteur. La plage est bordée de magasins construits en bois, décorés dans le goût qui correspond à ce genre de construction sous un ciel humide, c'est-à-dire peints au goudron. Un modeste clocheton se montre dans le fond, par-dessus les toitures des maisons : c'est celui du temple protestant.

A droite et à gauche s'élèvent de petites collines surmontées de moulins à vent qui paraissent seuls en mouvement dans cette ville maussade; aussi, dès qu'ils cessent de tourner, la vie y semble suspendue. Un peu au delà des collines, sur la gauche, une tour carrée, récemment construite, sert à reconnaître et à annoncer les navires en mer.

Mais quand, au lieu de regarder la ville, on parcourt des yeux les rivages qui entourent la baie, l'attitude et la majesté des monts aux sommets blanchis forment un frappant contraste, et donnent déjà l'idée des paysages imposants de la côte.

Reykiavick compte environ douze cents habitants. C'est de beaucoup la ville la plus importante de l'Islande. Elle renferme un collège, un séminaire, une imprimerie, deux journaux, une bibliothèque, un commencement de musée, un temple protestant, une chapelle catholique, des magasins de toutes sortes, enfin tout ce qui résume les institutions et les usages des peuples civilisés.

La rade de Reykiavick offre cet avantage inappréciable de n'être jamais fermée par les glaces, et par conséquent de conserver une communication ininterrompue avec la mer et le gouvernement danois.

L'évêque jouit d'un traitement qui en fait un des personnages importants de l'île, et ses filles y sont remarquées pour leur élégance : elles sont abonnées à un journal de modes de Paris.

La maison du gouverneur, ou plutôt du préfet, est un des rares monuments en pierre de la ville. Elle n'offre de remarquable qu'un mât immense où se hisse, dans les grandes circonstances, le pavillon danois.

Derrière la ville, non loin d'un petit lac, est

le cimetière, où sont confondus dans un commun repos les Islandais protestants et les Français catholiques décédés sur ces bords lointains. Qu'ils proviennent des navires de l'État qui forment la station, ou des pêcheurs qui y viennent chaque année, leurs tombes sont toujours entretenues par les soins de la frégate qui commande la division navale, et les restes de ces humbles fils de la France ne sont livrés ni à l'abandon ni à l'oubli.

J'ai dit qu'il y avait deux journaux à Reykiavick : ce sont naturellement deux rivaux et deux ennemis politiques du moins ; mais la concurrence leur rend à l'un et à l'autre les plus éminents services, en leur fournissant des sujets de polémique qui garnissent leurs colonnes, car ce ne sont pas les événements du pays qui pourraient les défrayer. Ils sont rédigés en islandais et ne manquent pas d'une certaine valeur.

Les environs de Reykiavick sont généralement nus et arides ; on y trouve de la tourbe en abondance, et on l'exploite pour le chauffage des habitants. Le climat y est plus humide que partout ailleurs, mais aussi plus doux, et c'est à ce dernier avantage, joint à la facilité qu'offre en tout temps cette région de communiquer avec la mer, qu'est dû le choix qui en a été fait pour le principal centre de population de l'île.

On a exécuté autour de la ville quelques

ébauches de vicinalité dont on profite pour les courses à cheval et les promenades, mais ces routes ne vont pas bien loin. La plus longue n'a pas plus de quatre kilomètres, et aboutit à une rivière qu'on appelle la rivière du Saumon. Ce cours d'eau torrentueux est, en effet, le siège d'une exploitation lucrative.

Non loin d'un gué d'un passage facile tombe une cascade qui forme le principal but de la promenade des habitants de Reykiavick, quand ils se décident à sortir de leurs maisons.

Si l'on remonte le cours tourmenté de la rivière, on arrive à un petit lac entouré de montagnes et de collines, et dans le site le plus pittoresque à proximité de la ville. C'est là que la rivière prend naissance. Sur l'un des côtés du lac se montrent des rangées de pitons rouges d'un très bel effet ; c'est une chaîne de petits volcans éteints dont les cratères sont restés parfaitement nets et dont, sur certains points, les éruptions semblent dater d'hier. Il y a bien des années, pourtant, que la dernière flamme est sortie de leurs gouffres ; mais les laves, les scories qu'ils ont projetées autour d'eux ont condamné la terre qu'elles recouvrent à une éternelle stérilité. Par endroits, la matière en fusion, dont le cours a été arrêté par des obstacles, s'est ridée comme on voit se rider le bitume au moment où on le verse ; le froid l'a saisie, et les rides sont restées si apparentes qu'on pourrait la croire encore liquide.

Une autre des routes se dirige de Reykiavick sur Bassestardt et de là sur Havaa-Fiord; elle n'est entretenue que sur une longueur de trois à quatre cents mètres, et se perd dans de véritables sentiers de chèvres, comme ceux qui traversent toute l'Islande.

Havaa-Fiord est un petit bourg situé sur le bord de la mer et non loin d'un très bon mouillage. Les navires de commerce y vont souvent prendre des chargements. En dépassant le bourg, dans la direction du sud, on arrive à la mine de soufre de Crisevick, dont une compagnie anglaise vient d'essayer l'exploitation. Cette mine, extrêmement riche, n'a malheureusement que des communications difficiles avec les lieux de chargement. Peut-être devrait-on profiter de l'hiver pour expédier par des traîneaux les produits qui auraient été exploités pendant la bonne saison. Dans tous les cas, des sources bouillantes situées tout auprès fourniraient une chaleur naturelle qui pourrait être utilisée.

Quoi qu'il en soit, l'exploitation marche peu et semble presque abandonnée. Le chemin de fer qui avait été projeté entre la mine et Havaa-Fiord nécessiterait des ouvrages trop dispendieux pour les résultats qu'on en pourrait tirer. Cependant le dernier mot n'est pas encore dit sur cette entreprise, qu'il serait prématuré de condamner.

II

LA PLAINE DE THING-VALLA

Depuis notre arrivée à Reykiavick, nous n'avions encore fait que d'insignifiantes excursions autour de la ville. Plusieurs fois on nous avait parlé de Thing-Valla, et engagés à aller visiter cette plaine célèbre en Islande. Vers le milieu de juin, le temps s'étant éclairci, nous nous décidâmes à tenter l'aventure.

Les dispositions à faire pour ce voyage ne furent pas aussi simples qu'aurait pu le faire penser le court trajet que nous avions à parcourir. Thing-Valla n'est guère qu'à une journée de cheval de Reykiavick ; mais il nous fallait un guide pour nous y conduire, et on nous indiqua celui qui avait le plus de réputation en Islande, un nommé Senga, qui nous procura huit chevaux, deux pour le guide, deux pour les bagages et deux pour chacun des voyageurs.

Nous formions donc une petite caravane agrémentée d'un autre personnage qu'il ne serait pas juste d'oublier. C'était un chien islandais, à très longs poils noirs, qui aidait son maître à pousser devant nous les chevaux non montés, et qui savait merveilleusement éviter les ruades qu'ils lui lançaient de temps en temps.

La première heure du voyage n'offrit rien qui mérite d'être noté. C'était la route du gué de la rivière du Saumon, que nous connaissions déjà; mais, après le gué, rien de plus incroyable que les espaces que nous eûmes à traverser. Il y avait bien des sentiers, mais c'est à peine s'ils étaient indiqués en grimpant sur le flanc de collines pierreuses, au milieu de paysages désolés. Cela dura jusqu'à une petite rivière, qui courait en dessinant tant de sinuosités qu'il fallut la traverser plus de trente fois pour rejoindre les collines situées sur l'autre bord.

Une assez grande quantité de pluviers vint heureusement nous distraire, en nous donnant l'occasion de faire retentir les échos des détonations de nos fusils de chasse. A l'extrémité de ce vallon humide était la halte. Notre guide ayant sauté le premier à terre, nous suivîmes son exemple, enchantés de faire brèche à nos provisions.

Jusque-là, les merveilles annoncées ne se présentaient guère à nos regards, et, après la halte, le guide nous avait montré une ligne de montagnes blanches dans le lointain, en nous disant qu'elles étaient situées de l'autre côté de Thing-Valla.

Rien de plus commun, en Islande, que les illusions sur les distances. Il n'est pas rare, en effet, de mettre des heures à traverser des espaces que l'on s'imagine devoir être parcourus en quelques minutes. Senga, notre guide, trotte toujours en poussant le troupeau de chevaux de rechange et des bagages, les animant de la voix et du geste, avec l'aide de son chien Bochet, qui, lorsque quelque flaque d'eau se présente sur son chemin, saute sur la selle de son maître, afin d'opérer le passage sans se mouiller les pattes.

Enfin, une ferme nous apparut dans le lointain, à notre gauche, sur le sommet d'une des ondulations de la plaine, et, quand nous y fûmes arrivés, une immense nappe d'eau nous apparut au pied des monts couverts de neige : c'était le lac de Thing-Valla.

C'est ici le lieu de donner une idée générale du lac et de la plaine de Thing-Valla, en indiquant comment les géologues expliquent les étonnants phénomènes qui ont pu produire des sites aussi bizarres.

Avant les dernières grandes catastrophes qui bouleversèrent l'Islande, ce qui est aujourd'hui Thing-Valla était occupé par un lac immense, borné de trois côtés par des montagnes, et de l'autre par le vaste plateau que nous venions de trouver, et dont le niveau était beaucoup plus élevé que celui des eaux. A un certain moment, les forces souterraines du globe se mirent en mouvement, les volcans vomirent des matières incandescentes, et des laves qui se répandirent dans ce fond, naturellement ouvert à leur écoulement, comblèrent la moitié du lac. Avec le temps, les laves se refroidirent, se rétractèrent en se solidifiant et formèrent à leur superficie des crevasses profondes.

Il est fort difficile de décrire l'étourdissant spectacle que nous avions sous les yeux.

Comment se figurer, en effet, une sorte d'escalier rocheux partant du niveau du sol pour s'enfoncer dans une tranchée profonde, entre deux murailles basaltiques, le tout tapissé d'une herbe verte, avec des trous comblés par la neige, des écroulements de rochers que le temps a minés, et de gigantesques murailles qui semblent toujours prêtes à s'effondrer sur l'imprudent voyageur? Après avoir fait une centaine de pas dans cette tranchée effrayante, on tourne à droite pour descendre une nouvelle rampe pierreuse qui conduit à une petite rivière formée par une cascade dont on entend le bruit à peu de distance; puis l'on aperçoit au bord du lac l'église et le presbytère de Thing-Valla.

Nous étions arrivés au terme de notre voyage, et les aboiements des nombreux chiens de la maison nous souhaitèrent la bienvenue. Il était tard; les habitants de cette paisible demeure étaient couchés; mais les serviteurs, habitués à de pareilles visites, furent bientôt sur pied et nous dressèrent aussitôt deux lits avec des édredons très moelleux, dans une chambre propre et bien aérée. Le guide emmena les chevaux dans une prairie voisine, et, après un souper sur le pouce, chacun put aller se livrer à un repos bien gagné.

Le lendemain, dès l'aube, nous fûmes debout, et à peine avions-nous mis le nez hors de notre chambre, que nous fûmes salués par le maître du logis, le pasteur de Thing-Valla.

« *Bonus dies, domine!* »

Telle fut sa première parole. Le brave homme parlait latin, non pas précisément le latin du siècle d'Auguste, mais un latin à la portée du premier venu, puisé dans les sources les moins limpides du latin de cuisine, et dont nous ne tardâmes pas à faire un usage immodéré.

Le pasteur était si content de trouver des sujets de conversation et de se voir si bien soutenu, qu'il se mit en frais, nous apporta la fleur de son garde-manger, des truites saumonées sortant à peine du lac, et du laitage excellent. On lui fit place à table, et, avec l'aide de nos provisions, le régal fut complet.

La conversation ne tarissait pas, tant nous étions heureux de parler latin, et de mettre, pour la première fois, en usage cette langue des bons auteurs qui nous avaient accompagnés sur les bancs des écoles depuis l'Épitome jusqu'aux odes d'Horace.

« *Ventus regnat ad decornandum boves*, disait l'un.

— *Ita, domine, ad decornandum boves*, répondait le digne pasteur la bouche pleine.

— *Bibo ad salutem tuam*, ajoutait l'autre en levant à hauteur de l'œil un verre de vin d'Espagne.

— *Et familiæ tuæ,* » s'empressait de répondre le pasteur, en vidant le sien jusqu'à la dernière goutte.

A un moment donné, nous allâmes jusqu'à tenter de convertir notre homme au catholicisme, ne fût-ce que par amour pour la latinité de l'Église : mais il fallut y renoncer, quoique notre système de prédication lui agréât parfaitement. Il y avait en lui des idées trop arrêtées sur les points de doctrine, et puis le temps nous manquait, pressés que nous étions d'aller visiter le pays et de chasser les pluviers, les courlieux et les ptarmigans qui foisonnent dans cette contrée.

Senga, qui nous attendait à la porte, après avoir lui-même copieusement déjeuné, nous mena tout d'abord au rocher de l'Althing.

Lorsque l'Islande, sortant de la barbarie, commença à se former en société régulière, il fut décidé que chaque année des députés, venant des divers centres de population, se réuniraient pour juger les différends, régler les lois et constitutions du pays, et se prononcer sur les affaires communes à toutes les parties de l'île. La plaine de Thing-Valla fut choisie pour lieu de réunion de ces séances, qui attiraient une nombreuse assistance et se tenaient sur un vaste rocher, formant un plateau de plus de cent mètres carrés de surface, entouré de toutes parts par des crevasses profondes, n'ayant d'accès que par un passage très étroit et, pour cette raison, facile à interdire aux profanes.

Toute l'histoire de l'Islande s'est résumée en cet endroit redoutable.

Rien de plus grandiose, de plus sauvage et de mieux approprié à la solennité des réunions de ces aspirants à la civilisation, qui n'avaient pas encore dépouillé toute rudesse et toute barbarie.

Les traditions ne manquent pas à ce lieu, qu'on ne peut considérer sans effroi. Les crevasses qui le protègent sont si béantes que leur vue donne le vertige, et l'eau claire qui les baigne fait deviner les grottes mystérieuses qui s'étendent jusqu'aux entrailles de cette terre tourmentée. On craint que le génie de ces eaux ne sorte des abîmes pour reprocher leur audace aux hommes qui viennent le troubler dans son éternel isolement.

Sous l'action des eaux et du temps la roche s'est dilatée, fendue, et ses débris, tombés dans le gouffre, forment, en certains endroits, des entablements, des ponts en ruine, laissant apercevoir, à travers leurs interstices, les miroitements des eaux emprisonnées.

C'est là un spectacle unique, dont on chercherait en vain l'équivalent dans aucune contrée du globe.

Toute la plaine de Thing-Valla est sillonnée de crevasses pareilles, plus ou moins étendues, toutes profondes et remplies de cette eau d'une transparence admirable; mais nulle part ces phénomènes ne présentent les aspects majestueux et terribles qu'offre le plateau de l'Althing.

Un endroit de ce plateau est célèbre par une tradition qui nous fut racontée sur le lieu même.

Un Islandais, coupable de grands crimes, venait d'être jugé par l'assemblée souveraine et condamné à mort. Au moment de subir sa peine, car ce plateau de l'Althing était aussi le théâtre des exécutions judiciaires, le condamné, trompant la vigilance de ses gardes, qui ne pouvaient certainement s'attendre à un pareil trait d'audace, s'élança avec une vigueur centuplée par l'instinct de la conservation, et franchissant un de ces abîmes terribles décrits ci-dessus, favorisé, d'ailleurs, par la population émerveillée, échappa ainsi aux suites du jugement qui venait de le frapper.

Le fait paraît fabuleux pour qui a vu le théâtre de cet exploit, mais il est article de foi en Islande et attesté par toutes les traditions du temps.

Nous consacrâmes le reste de la journée à traverser la plaine dans tous les sens, faisant d'amples moissons de perdrix blanches, de courlieux et de pluviers.

Le soir nous rentrions au presbytère à l'heure du dîner, fatigués, mais très satisfaits de notre excursion. Nous passâmes doucement la soirée, qui était fort calme, en causant sur les bords du lac, auquel les grandes ombres portées par le soleil couchant prêtaient un charme indéfinissable.

Dans les régions du Nord, les soirées, quand le ciel est pur, sont admirablement belles. Le soleil se couche très tard, et sur la fin de sa course il descend avec une extrême lenteur, dorant de ses rayons les blancs sommets des montagnes et parant leurs anfractuosités de tons vigoureux. Le ciel présente alors des couleurs pâles si douces, la lumière répandue sur le paysage est si harmonieuse, que rien, dans nos soirées d'Europe, ne rappelle le genre d'impressions que l'on éprouve et auxquelles ne peuvent échapper les âmes les plus prosaïques.

Le lendemain, nous quittions ces paisibles

solitudes, escortés par les bénédictions du digne pasteur de Thing-Valla, auquel nous répondîmes par tous les textes latins qui nous revenaient en mémoire, ou que nous improvisions pour exprimer notre sincère gratitude.

III

EXPLORATION DE LA CÔTE OUEST

Dès les premiers jours de juin, la frégate dut partir pour visiter les fiords de l'ouest et commencer sa mission auprès des pêcheurs français. Une grande facilité devait favoriser cette navigation, facilité qui rendait indifférentes les heures du départ et de l'arrivée : c'était l'absence de nuit dans cette saison. En effet, le soleil restait à peine deux heures absent de l'horizon, et encore laissait-il à sa place un crépuscule aussi clair que le jour, aussitôt suivi d'une aurore survenant sans transition. Les derniers feux du soleil couchant avaient à peine cessé de se projeter sur les nuages que déjà, à quelque distance, d'autres nuages se coloraient des teintes rosées du soleil levant.

Rien de majestueux, du reste, comme les phénomènes qui terminent et commencent la journée dans ces hautes latitudes.

A partir de Reykiavick, la côte ouest de l'Islande est coupée de deux grands golfes d'une vingtaine de lieues de large, séparés par une pointe de terre que termine un ancien volcan célèbre en Islande, le Suefield-Sokeel. Les côtes de ces grands golfes offrent partout des déchirures qui s'enfoncent entre de hautes montagnes et que l'on nomme des fiords. Ces fiords ont quelquefois une profondeur de dix lieues, tandis que leur largeur en a une à peine. Les monts qui les limitent s'élèvent à pic jusque dans les nuages, alors que leur base descend par une pente rapide dans les profondeurs de l'Océan.

Au milieu des gorges que laissent entre eux les principaux sommets, les neiges ont creusé, en se fondant, des lits à des torrents qui jaillissent le long des flancs crevassés des montagnes, entraînant avec eux des roches ou débris de roches, tantôt blocs énormes, tantôt petits morceaux friables, vraie poussière de granit. Cette action incessante des eaux a dentelé les crêtes d'une façon bizarre qui donne aux rochers des formes fantastiques.

C'est au fond des fiords que les principales rivières de l'Islande viennent jeter leurs eaux par diverses branches, formant un delta marécageux où se trouvent souvent de belles prairies et de gras pâturages. Si l'on remonte les rives de ces cours d'eau impétueux, on arrive bientôt à un sol élevé d'où les eaux descendent en *bouillonnant*, franchissant en cascades souvent très pittoresques les différents étages du terrain.

Tous les fiords se ressemblent : même nature, mêmes vallées, mêmes torrents, mêmes accidents de terrain, avec des aspects plus ou moins grandioses, plus ou moins sauvages.

Celui que nous devions visiter le premier était Grone-Fiord, situé dans la partie sud du golfe nommé Breda-Bugt. La traversée n'offrit rien d'intéressant, à cause de la brume et des nuages qui masquaient tous les sommets et répandaient sur la côte une teinte grisâtre et uniforme.

Grone-Fiord n'est qu'une simple baie au milieu des montagnes, mais sa situation est une des plus étonnantes que nous dussions voir. Le mouillage est en face d'un amphithéâtre neigeux au fond duquel tombent les eaux d'une cascade; à droite et à gauche se dressent des sommets volcaniques si nus et si noirs que le contraste est saisissant. Il est impossible de rêver quelque chose de plus sauvage, et quelques sommets blancs que l'on aperçoit au loin dominant les premières crêtes font imaginer des immensités glacées.

Tout était mort dans ces froides régions, dont pas un être animé ne vivifiait la solitude. Les nuages couraient autour des mamelons, à peu de hauteur au-dessus de nos têtes, et seul le murmure mélancolique du torrent venait rompre l'éternel silence de ces lieux.

Grone-Fiord est habité cependant : au bord de la mer, les pentes s'adoucissent, et des maisons sont venues se placer sur les parties non marécageuses. Quelques bateaux de pêcheurs français étaient au mouillage pour faire de l'eau douce, et la frégate leur rendit les mille petits services dont ces pauvres gens ont toujours besoin.

En quittant Grone-Fiord, la frégate traversa le Breda-Bugt du sud au nord, et rallia le dernier pâté de terrain situé au delà de ce golfe et terminé par le cap Nord, point extrême de la côte ouest de l'Islande. Ce pâté est profondément déchiré par plusieurs fiords où nous devions rencontrer des pêcheurs. Patrix-Fiord, Dyre-Fiord, Isa-Fiord, sont autant de vastes coupures dans les montagnes qui devaient nous abriter successivement.

A Patrix-Fiord, nous laissâmes un jeune clergyman islandais qui nous avait demandé passage à Reykiavick, et auquel la bonne fortune de notre expédition épargnait une longue et pénible marche à travers les terres. Ce brave garçon parlait le latin de cuisine avec lequel nous étions déjà familiarisés, et de plus portait un chapeau haut de forme en carton verni, dont le souvenir défraya longtemps les malicieuses allusions de nos hommes du bord.

Le fait est que ce chapeau, d'une hauteur incommensurable et d'un brillant merveilleux, pouvait être considéré comme un des monuments les plus curieux élevés en Islande par la main des hommes. On lui attribua les destinations les plus diverses et les plus bizarres, toutes également appropriées à son imperméabilité et à ses étranges profils.

Dyre-Fiord est le principal rendez-vous des pêcheurs de cette côte. En apercevant le panache de fumée de la frégate, leurs nombreux bateaux nous rallièrent comme des mouettes vers une proie, et il fallut s'occuper des réparations à faire à la plupart des embarcations, du transbordement des malades, pauvres gens exténués par les privations et les fatigues et qui ne venaient sur la frégate que pour y rendre le dernier soupir. Pendant les quinze à dix-huit jours que dura notre station dans cet endroit désolé, nous tâchâmes de rendre notre séjour le moins maussade possible au moyen de la chasse et de la pêche, qui nous procuraient des vivres frais.

Dans les excursions en pays de montagnes, on est souvent entraîné plus loin qu'on ne voudrait. Les distances paraissent toujours moins longues qu'elles ne sont réellement, les sommets moins élevés, et l'on se propose à soi-même des buts auxquels on croit pouvoir arriver rapidement, alors qu'il faut y employer de longues heures de marche.

Un de nos camarades, ardent excursionniste, faillit payer cher son ambition de voir et de courir, et à son retour il avait encore froid au souvenir des dangers qu'il avait courus. Engagé dans une profonde vallée et se sentant très loin du bord, il avait calculé qu'en gravissant une montagne il redescendrait par l'autre versant vers la mer, et raccourcirait ainsi son chemin de plusieurs heures. La montée fut plus pénible et plus longue qu'il ne l'avait soupçonné ; mais il finit par opérer l'escalade, et, suivant quelque temps la crête, parvint, selon ses prévisions, à atteindre un contrefort dont la pente le menait, en effet, très près de la frégate.

Du point culminant où il était parvenu, une vue magnifique le dédommageait de ses fatigues ; la baie tout entière s'étalait à ses pieds, et à l'horizon l'immensité de l'Océan. Au milieu du fiord, la frégate élevait sa haute mâture ; elle paraissait bien petite à côté des blocs gigantesques qui l'environnaient.

Pour redescendre, il fallait des précautions infinies. Ici, des flaques de neige crevassées ne permettaient pas de s'aventurer, car elles pouvaient cacher des abîmes. Plus loin, la pente affreusement rapide laissait apercevoir le fond d'un torrent à mille mètres au-dessous. En continuant de marcher sur les sommets, il trouva un endroit qui lui parut plus favorable, où le terrain découpé par gradins et le sol affermi par des herbes et des mousses permettaient de se hasarder, sinon sans difficulté, du moins sans danger apparent. La descente commença lentement et prudemment ; mais elle devenait de plus en plus rapide, quoique les saillies des roches empêchassent de s'en apercevoir. Bientôt notre camarade fut obligé de tourner le dos au vide et de descendre à quatre pattes, choisissant de l'œil la place où poser tantôt un pied, tantôt un autre, jusqu'à ce qu'il arrivât à une sorte de gradin large de quelques mètres, d'où il regarda en arrière pour se rendre compte du chemin qu'il avait encore à parcourir.

Ses cheveux se dressèrent sur sa tête. Au-dessous de lui, la paroi tombait à pic ; un pas de plus et il se précipitait broyé dans un abîme insondable ! Après avoir battu avec une extrême violence, son cœur se contracta, et il craignit un instant de perdre connaissance.

Quelques secondes de recueillement présentèrent à son esprit le tableau de ces affections qui vous attachent à la vie ; alors il saisit les aspérités du rocher, et par un effort vigoureux remonta une trentaine de mètres qui l'amenèrent à un endroit tout à fait sûr. Là, il déboucha la gourde du chasseur, but quelques gorgées de vin d'Espagne, et, la circulation du sang bien rétablie, il gagna le sommet pour reprendre la route du bord par le long détour qu'il avait voulu éviter. Une heure après son retour, ses jambes éprouvaient encore une agitation nerveuse, et pourtant notre camarade n'était ni faible ni peureux; il était, au contraire, chasseur déterminé, habitué aux courses et à tous les exercices du corps.

C'est à Dyre-Fiord que nous aperçûmes le seul renard blanc qu'il nous ait été donné de voir pendant notre séjour en Islande. Le maudit animal allait devant nous sans se presser, en se maintenant à une distance respectueuse. Il ne nous fut pas possible de lui envoyer un coup de fusil, et, lorsqu'il nous vit décidés à nous rapprocher pour le chasser, il descendit par les pentes et nous cessâmes de l'apercevoir.

Durant notre station, un pauvre marin pêcheur, recueilli malade, s'éteignit à l'hôpital du bord. On lui creusa une fosse sur le flanc d'une colline où l'on avait enseveli déjà d'autres Français... Une croix de bois fut plantée sur cette modeste sépulture, à laquelle la grandeur sombre du paysage donnait cependant un caractère inconnu dans les nécropoles des grandes villes.

Le lendemain de cette cérémonie, à laquelle nous avions tous assisté avec un profond recueillement, la frégate leva l'ancre à la grande satisfaction générale des hôtes du bord, et nous arrivâmes bientôt sur le cercle polaire arctique.

De là on voyait le cap Nord.

Le cap Nord de l'Islande est situé un peu au-dessus de cette ligne imaginaire tracée par la géographie à la surface de la terre, et qui sépare le monde habitable des régions dont l'homme est éternellement banni. Le cap est un grand bastion qui s'avance fièrement dans la mer en tournant sa pointe vers le pôle, dont il semble défier les montagnes de glace. La frégate continua sa course dans le nord, et, une heure après, une lueur blanchâtre et brillante fut aperçue à l'horizon. C'était le mirage des glaces, phénomène bien connu des navigateurs des hautes latitudes et qui annonce l'approche d'une banquise. En effet, à quelques milles de là, un immense glaçon, à peine élevé d'un mètre au-dessus de l'eau et couvert d'autres blocs moins volumineux, flottait devant nous à peu de distance. Bientôt on en aperçut un grand nombre, à droite et à gauche, et plusieurs bateaux pêcheurs revenant à toutes voiles indiquaient clairement que le passage n'était plus libre et que le cap Nord était bloqué.

On mit donc toute la barre pour rétrograder vers le sud, et l'on dit adieu à la banquise, qui ne s'était pas montrée à nous sous les aspects grandioses décrits par les navigateurs du pôle nord ; mais enfin nous l'avions vue et nous pouvions rentrer triomphants à Reykiavick.

IV

LES FIORDS DE L'EST

Depuis plus d'un mois que nous étions revenus à Reykiavick, la pluie n'avait pas cessé un instant de tomber. Des nuages sombres, un ciel gris, attristaient notre séjour, et, si de loin en loin survenait une éclaircie, aussitôt se déchaînait un vent impétueux qui ramenait les nuages et la pluie. Il nous tardait donc de quitter cette région maussade, et c'est avec un indicible plaisir que nous levâmes l'ancre pour nous lancer dans de nouvelles aventures.

Après quelques heures de navigation, et à peine avions-nous doublé le cap de Reykiavick, que l'horizon changea comme par enchantement. Nous longions la côte sud de l'Islande à petite distance, de manière à ne perdre de vue ni une plage ni un rocher. Le ciel s'était éclairci tout à fait; quelques nuages floconneux laissaient entre eux des espaces d'un bleu pâle, et le soleil nous envoyait des rayons qui nuançaient des plus riches teintes la terre d'Islande, que nous distinguions aussi nettement que si nous n'en eussions été éloignés que de quelques mètres. Pas une fente, pas une saillie de roche que cette clarté ne fît ressortir en ombres vigoureuses. La neige qui, par larges places, couvrait le flanc des montagnes et les sommets des plateaux contrastait énergiquement, par son éblouissante blancheur, avec les teintes sombres des terrains volcaniques.

Un point de la côte dépassait en grandeur mélancolique tout ce que l'Islande nous avait montré jusqu'à ce jour ; c'est celui où un immense glacier s'abaissant en pente rapide semble s'élancer impétueusement vers l'Océan. Rien ne saurait donner l'idée de cette décoration grandiose, spectacle qu'on ne peut voir qu'à distance et dont les étranges phénomènes resteront éternellement inexplorés.

Le soir (17 juillet), la terre s'embruma et tout disparut à nos yeux. Le lendemain, brume plus épaisse encore : position pénible pour un navire, celle d'un aveugle qui marcherait sur un terrain semé d'obstacles de toutes sortes. Nous courions donc à l'aventure sur ces mers dont les cartes sont mal faites, où les dangers sont nombreux et les courants peu connus. Le 19 au matin, une éclaircie se manifesta du côté de la terre, une crête se montra au-dessus d'un banc de brume, puis nous retombâmes dans une complète obscurité. La terre, nous savions qu'elle était là ; mais quelle terre ? Nous serrâmes toutes nos voiles après avoir allumé les feux de la machine, et la frégate se mit à faire des ronds sur l'eau sans trop changer de place.

Tout à coup la vigie annonça devant nous une roche plate à quelques milles. Toutes les lorgnettes furent aussitôt braquées dans cette direction.

« C'est Hvalbach ! s'écria le pilote.

— Mais non, c'est impossible, dit le commandant, ce doit être Sœley.

— Commandant, je crois bien reconnaître Hvalbach ; cependant, dans la brume, je puis me tromper. »

Alors on descendit consulter la carte. On compte, on calcule, on estime les routes, les courants, et nous tombons d'accord que ce ne peut être Hvalbach, qui se trouve à trente milles de Sœley, et l'on ne peut croire à une pareille erreur dans l'estimation.

Pendant ce temps-là, le pilote était resté sur le pont.

« Commandant, je vous affirme que c'est Hvalbach. Voilà trente ans que j'y navigue plusieurs fois chaque été, et je ne puis me tromper à ce point. Sœley est plus grande, plus haute. L'îlot en vue est bien dégagé ; je suis sûr de mon fait, c'est Hvalbach. »

Il fallut bien se rendre à l'affirmation si positive de ce vieux pratique du pays, corroborée, d'ailleurs, par les dires de plusieurs hommes de l'équipage connaissant cette côte.

Quand nous nous imaginions pirouetter sur place, la frégate, emportée par les courants venant du nord comme une toupie flagellée par la lanière d'un enfant, nous avait fait descendre de plus de trente milles vers le sud, et le thermomètre venait à l'appui de ce fait en accusant depuis ces deux jours une baisse sensible dans la température de l'eau.

Alors le commandant n'hésita plus. La brume s'était épaissie de nouveau, et plus opaque que jamais; mais notre position était dès lors certainement connue, et la frégate mit le cap dans la direction du fiord, dont on se savait à quinze milles dans le sud-est. L'obscurité empêchait de distinguer de l'arrière le devant du navire : on allait néanmoins à toute vitesse, sûrs qu'aucun danger n'était à craindre, afin de percer le banc de brume qui nous cachait la terre, et derrière lequel nous trouverions un espace libre et ouvert aux regards.

Enfin, après une heure d'attente anxieuse, nos efforts furent couronnés de succès. La brume s'ouvrit comme un rideau, et devant nous se dressa une haute terre aux profils tourmentés. C'était bien la terre d'Islande avec ses aspects éternellement sévères. En apercevant l'entrée de Faskund-Fiord, nous poussâmes tous un hurrah joyeux : nos maux étaient finis et nous dormirions tranquillement au mouillage. La frégate fit majestueusement son entrée dans la baie, et pénétra entre deux chaînes de hautes montagnes dont les flancs s'enfonçaient dans la mer. L'été les colorait de ces jolies teintes vert sombre émaillées çà et là de couleurs plus claires comme des fleurs des champs. C'était la végétation que nous avions rencontrée partout; mais comme ici la nature était encore plus sauvage, le décor n'en paraissait que plus charmant.

A peine étions-nous à l'ancre, qu'un canot venu d'un bâtiment français mouillé dans le fiord accostait à bord pour demander notre aide et nous apprendre l'histoire lamentable qui l'avait forcé de relâcher dans ce lieu solitaire.

La *Coquette,* de Dunkerque, jolie goélette aux formes élancées, montée par un équipage nombreux et bien choisi, avait pour capitaine un ancien marin très habitué aux voyages d'Islande et considéré dans son port pour la chance heureuse qui accompagnait ordinairement ses entreprises. Malheureusement il était adonné à l'ivrognerie, vice bien grave chez un marin, et qui, connu des armateurs, avait déjà mis des entraves sérieuses à son dernier commandement.

Depuis le commencement de la saison, sa pêche était mauvaise : l'abattement avait saisi cet homme jusque-là toujours heureux, et qui voyait dans ce revirement de fortune un échec décisif à son avenir.

Depuis quinze jours, la pêche ayant donné de moins en moins, le désespoir prit le pauvre capitaine, qui résolut de se suicider. Son frère, second du bord, soupçonnant son funeste dessein, avait écarté de lui toute arme meurtrière; mais le capitaine put soustraire une boîte de poudre, et, s'en étant rempli la bouche, se fit sauter la tête.

La *Coquette* était entrée dans Faskund-Fiord pour y enterrer son capitaine et aviser aux mesures à prendre dans ces tristes conjectures.

Tout le temps de notre séjour à Faskund-Fiord fut attristé par la persistance de la brume. Nous résolûmes cependant de voir le pays autant que nous le permettraient les loisirs qui nous étaient laissés. Toutes les excursions de ce genre se ressemblent, et nous trouvâmes sur les pentes des ravins des déchirures et des lits de torrents comme partout la côte ouest nous en avait offert. Un peu plus de végétation peut-être, quelques bouleaux nains et une assez grande variété de fleurs dans des herbes plus nourries. De ces fleurs on fit des bouquets dont on décora la table commune, qui n'avait eu depuis longtemps semblable parure.

A mi-hauteur environ, un vaste plateau permettait une marche plus facile, et en le suivant jusqu'au fond de la baie nous pûmes plonger nos regards dans les profondeurs d'une vallée où brillaient les lueurs argentées d'une petite rivière aux méandres capricieux, laquelle, en arrivant à son embouchure, s'épanouissait en mille bras séparés par des deltas pleins de marécages.

Deux jours après on faisait route pour le mouillage d'Eike-Fiord, séparé de nous par une pointe qu'en raison du brouillard on ne voyait qu'à grand'peine. Heureusement la distance à parcourir était courte et fut bientôt franchie.

Dès que le temps fut favorable, chacun fit ses préparatifs pour aller visiter les fameuses mines de spath, qui fournissent au monde entier ce produit dont l'usage ne s'étend guère qu'aux collections de minéralogie et aux cabinets de physique. Cette mine est sur le flanc de la montagne à mi-distance du fiord. Aussitôt après déjeuner, les uns à pied, les autres à cheval, on se mit en route. Deux choses seulement fixèrent notre attention pendant cette excursion. La première était une sorte de hangar rempli de morceaux de poisson suspendus à l'air et répandant autour d'eux une odeur infecte. Nous sûmes plus tard que les Islandais pêchent dans leurs eaux une espèce de requin énorme qu'ils nomment apokal. Ils le coupent par larges tranches qu'ils enterrent pendant un mois. Ces morceaux déterrés sont ensuite suspendus à l'air, qui les dessèche, et forment pour l'hiver une provision dont ils sont *horriblement* friands. Cet adverbe n'est pas de trop pour qui a senti les émanations de cette abominable conserve.

La deuxième chose curieuse fut une roue hydraulique très grossière, à pivot vertical, placée au bas d'un torrent et armée de meules destinées à broyer le seigle dont les indigènes font leur pain. C'est l'engin mécanique le plus avancé que nous ayons rencontré en Islande.

La mine de spath n'offre rien de particulier. Chacun connaît ce métal transparent comme le verre. Il vient montrer à fleur de terre ses facettes brillantes. Les Islandais l'extraient de la façon la plus brutale : au moyen de la poudre, ils en font sauter de gros quartiers dans lesquels ils arrivent à tailler quelques jolis morceaux exempts de défauts. De nombreux éclats plus ou moins attaqués dans leur transparence sont laissés en tas et négligés. Dans ces débris, chacun de nous choisit des spécimens très suffisants pour l'usage que nous en voulions faire, c'est-à-dire de beaux presse-papiers.

A peu de distance de la mine se trouve le tombeau d'un officier de la marine française qui périt d'un accident de chasse. Rien de solennel comme le calme qui règne dans ce lieu, dont le silence n'est troublé que par le bruit des flots qui battent la grève, des rochers qui roulent de la montagne et du vent qui souffle en passant sur les cimes neigeuses.

A quatre heures du soir, tout le monde était de retour à bord, et l'on appareilla pour Seidis-Fiord.

Les traversées de ce genre sont agréables dans le mois de juillet; la mer est généralement calme, et les brumes seules sont gênantes. Mais on peut en éviter les inconvénients en demeurant à proximité de la terre, dont la brume est le plus souvent séparée par une zone dégagée. On a en outre l'avantage de ne pas perdre de vue des côtes très pittoresques et dont l'absence de nuit permet de jouir constamment.

La journée du 23 nous amena un coup de vent bien singulier, et par les détonations qui l'accompagnèrent, et par la promptitude avec laquelle il fit place à une complète accalmie. On ne pensait déjà plus à ce phénomène, lorsqu'une rafale vint nous assaillir de nouveau, mais cette fois avec une fureur qui ne s'arrêta pas aussi vite. L'air qu'elle nous apportait était chaud et chargé d'une poussière impalpable qui faisait cruellement souffrir les yeux. Par moments, le vent était si fort qu'il soulevait la surface de l'eau en molécules blanches qui couraient sur la mer avec une rapidité inconcevable. Ces effets sont bien connus des marins, qui les appellent des *vents blancs*, et plus d'un navire entrant dans les fiords et surpris par cette tourmente leur a dû de graves avaries. Toute la nuit, la fureur du vent nous abîma de poussière; la neige qui couvrait les hauteurs avait passé de la blancheur éclatante au gris cendré, ce qui faisait supposer une éruption volcanique à peu de distance. Avec le jour tout rentra dans l'ordre.

Seidis-Fiord doit à un ancien établissement baleinier une certaine importance, et avant tout nous allâmes visiter les bâtiments appartenant à la Compagnie danoise qui exploite ce genre d'industrie. Ces bâtiments, presque abandonnés par suite de revers momentanés, sont cependant en bon état et pourvus d'un matériel considérable. De temps à autre, on y amène encore des baleines à dépecer, et le lendemain même nous eûmes la chance d'y en voir arriver une.

De nombreuses carcasses gisant sur la grève témoignent qu'à une époque récente encore de pareils événements y étaient fréquents. Des baleinières, des barils, des cuves, d'immenses écumoires étaient serrés avec soin. Une odeur nauséabonde rendait ce séjour peu habitable pour nos odorats délicats; mais les Islandais ne s'inquiètent guère de pareilles vétilles, et les environs de l'établissement sont assez garnis de cases habitées.

Le lendemain de cette visite on aperçut du fond de la baie un navire à vapeur entrant dans le port et remorquant lentement une masse presque aussi grosse que lui et reluisant au soleil. On crut d'abord à un bateau chaviré, mais une observation plus attentive nous mit sur la voie de la réalité. Le vapeur était une baleinière et il remorquait une baleine.

Nous descendîmes aussitôt dans une embarcation pour aller voir de plus près ce spectacle inattendu, et les avirons de nos vigoureux matelots nous eurent bientôt amenés au but.

Le pauvre monstre était couché sur le dos, et son ventre ballonné sortait de plusieurs mètres au-dessus du niveau des eaux, semblable à la quille d'un navire renversé. De longues raies formant saillie sur la peau complétaient l'illusion, en simulant les clins de nos embarcations de luxe. La queue, placée en avant et soulevée par la remorque, se voyait facilement dans l'eau; mais la tête, enfoncée plus profondément, ne pouvait se voir. L'odeur infecte qui s'exhalait du cadavre nous empêcha de prolonger notre station sur les flancs du cétacé.

En mettant pied à terre, nous vîmes descendre le capitaine, ancien officier de la marine danoise, qui, ayant aperçu des étrangers, s'avança aussitôt, nous salua avec une courtoisie parfaite, et nous donna quelques détails intéressants.

Les baleines de l'espèce que nous venions de voir sont très difficiles à capturer; car, aussitôt frappées, elles plongent à une grande profondeur, et l'on attend quelquefois trois jours avant que le gonflement la fasse remonter à la surface. Souvent elles ne remontent pas parce qu'elles deviennent, pendant leur séjour au fond de l'eau, la proie des requins. Ainsi notre baleinier avait harponné vingt baleines depuis le commencement de la saison, et n'en avait revu que quatre. On juge si cet état de choses est fâcheux, car une pareille proportion dans les pertes amènera vite la destruction de cette espèce précieuse, sans profit pour le commerce.

Ne quittons pas ce fiord sans parler des admirables vallées qui l'entourent.

Au fond de la baie est un vaste espace encaissé par de hautes montagnes, au bas duquel coule un torrent impétueux. Comme la pente est très brusque, les cascades sont nombreuses et empruntent aux sites qui les environnent un caractère saisissant. Nous n'en avons pas compté moins de douze, dont une tombant avec fracas de trente mètres de hauteur en une seule nappe liquide.

Les roches teintées en noir ou en rouge par les oxydes de fer, et par les mousses en vert de toutes nuances, produisent au soleil des effets incomparables. De toutes ces cascades pas une ne ressemble à l'autre; des rochers posés comme exprès par la main d'un artiste séparent la masse d'eau en plusieurs chutes formant des étages, sur lesquels elle rebondit en bouillonnant. Dans le bassin où se réunit cette masse d'eau, s'élève une poussière d'écume qui atteint les plus hauts sommets.

Tout cela se produit avec d'infinies variétés dans les dispositions, et nous admirions une fois de plus la fécondité que la nature déploie dans ses œuvres, sans qu'elle ait besoin de changer les éléments dont elle se sert.

V

LE NORD DE L'ISLANDE

Nous devions remonter vers le nord en doublant le cap Langanœs, gagner Œ-Fiord, l'un des plus profonds de l'Islande, situé presque au milieu de la côte nord de l'île. La mer étant souvent dure dans ces parages, l'on prit toutes les dispositions en conséquence, et le 25 juillet, au soir, nous appareillâmes par un temps superbe, éclairés par un soleil qui, depuis deux jours, nous prodiguait ses rayons bienfaisants. Le lendemain, la vigie signalait le cap Langanœs, pointe extrême de l'Islande.

Ce cap est d'un aspect unique. La côte, peu élevée au-dessus de l'eau, forme une pointe allongée, qui tombe perpendiculairement, comme une muraille estompée des couleurs les plus diverses, tandis que, dans un lointain nuageux, les hautes montagnes se dessinent en bleu sombre.

Un grand nombre de bateaux français étaient

au mouillage devant cette côte, que rien n'abrite contre les vents du large; pour le moment, la mer était calme comme un lac, et la pêche de la morue se faisait avec un succès général, comme nous l'apprirent nos compatriotes.

Nous dépassâmes bientôt cette côte singulière, pour retrouver plus loin les falaises hautes et déchirées qui nous étaient familières, et peu de temps après nous traversions une fois de plus le cercle polaire arctique.

Le beau temps ne cessa d'accompagner notre route, toujours le long de la terre rendue intéressante par ses contours bizarres, et égayée par les ébats des baleines ou des souffleurs. Le lendemain matin, vers cinq heures, après avoir reconnu dans le lointain l'île de Grimsay, la frégate arrivait à l'entrée de Œ-Fiord, au fond duquel est situé Akoureyre, la seconde ville de l'Islande.

Sous les rayons du soleil qui nous accompagnait fidèlement depuis plusieurs jours, tout semblait prendre une teinte riante. Cette impression à part, le pays avait réellement un aspect plus riche que tous ceux que nous avions vus depuis deux mois.

Devant la petite ville d'Akoureyre, plusieurs petits navires de commerce danois et norwégiens étaient mouillés, et donnaient de l'animation à la rade. La ville peut contenir sept à huit cents habitants, logés dans des maisons soignées et confortables. Un café, contenant un billard assez beau, fournit des consommations de bonne qualité.

Akoureyre renferme une imprimerie fondée par les Islandais eux-mêmes, et publie le *Messager du Nord*, journal qui rivalise avec ceux de Reykiawick. C'est dans cette ville encore que se trouvent deux ou trois sorbiers fort célèbres en Islande: ce sont, en effet, les seuls arbres méritant réellement ce nom qui soient dans toute l'île.

Notre séjour sur la rade devait être limité, car nous ne pouvions trop différer le passage du cap Nord, où les mauvais temps viennent de bonne heure. Dès le premier jour, nous résolûmes de visiter la grande vallée du fond de la baie, qu'une large rivière aux eaux limpides signalait à notre attention. La ville était remplie d'Islandais venus en caravane pour faire leurs achats. Il fut facile de les décider à nous louer des chevaux pour quelques heures; montés sur d'excellentes bêtes, d'une docilité parfaite, et ayant le pied aussi sûr que des mulets, nous gagnâmes la route qui suivait la rivière, tantôt la côtoyant, tantôt rencontrant les flancs des montagnes, avec les sinuosités les plus capricieuses.

Tout le long de la route, des caravanes d'Islandais croisaient notre marche, et toujours nous laissant le haut du chemin; ces braves gens nous saluaient amicalement le bonnet à la main. Quelques femmes avenantes, presque jolies, se distinguaient dans les groupes, à cheval comme leurs compatriotes, mais sur des selles particulières, pareilles à des fauteuils adaptés au dos de leur monture. Un certain luxe se remarquait dans ces ouvrages de sellerie. Tout ce monde, proprement vêtu, avait des airs de fête et s'en allait grand train. Les hommes paraissaient un peu allumés par des libations, et excitaient leurs chevaux par des allocutions que ceux-ci comprenaient sans doute, à en juger par leur rapide allure.

La vallée dont nous suivions les contours ressemblait plutôt à un paysage de la France qu'à un site islandais, si l'œil eût pu faire abstraction des hautes montagnes neigeuses qui en formaient le cadre. C'était une immense prairie d'un vert admirable, traversée par une jolie rivière large et tranquille ; cette prairie s'étendait fort loin, et nous avions déjà fait trois lieues au moins, sans nous apercevoir que nous nous étions sensiblement rapprochés des hauteurs qui servaient de fond à ce charmant tableau. Le temps était splendide, avec un ciel d'un bleu pâle, et seulement quelques nuages pommelés.

Ayant rencontré une maisonnette à l'air propre et séduisant, nous résolûmes d'y demander un peu de lait pour nous rafraîchir. Une jeune femme, à la figure avenante, portant un enfant dans ses bras, nous reçut de bonne grâce, et, nous faisant entrer dans une salle bien tenue, nous servit du lait, de la crème, du beurre excellent et du pain de seigle. Nous fîmes honneur à ce repas champêtre, et au moment du départ ce fut à grand'peine que nous parvînmes à faire accepter une modeste rétribution ; encore fallut-il prendre le biais de l'offrir aux enfants de notre hospitalière Islandaise.

Non loin de la maison se trouvaient d'abondantes sources thermales, très voisines les unes des autres, mais chez lesquelles nous constatâmes de grandes inégalités de température.

Le retour se fit en cueillant des fleurs, et nous fûmes bientôt chargés de jolis bouquets de marguerites blanches des prés, et de pensées sauvages qui croissent en grand nombre. Des troupeaux de moutons et de vaches paissaient çà et là dans la prairie ; des groupes d'hommes fauchaient les foins en compagnie de femmes et d'enfants, qui l'étendaient au soleil, ou le réunissaient en mulons. Tout cela donnait au paysage une animation qui nous ravissait et nous rappelait, avec un air moins riche, mais plus en communion avec la vraie nature, les paysages d'automne de notre chère France.

Chaque jour amena des promenades analogues ; et chaque fois il nous semblait que notre excursion offrait un plus grand intérêt. Mais il fallait se hâter, et nous résolûmes de ne pas tarder davantage à visiter un bois de bouleaux, nommé pompeusement la forêt par les habitants du pays, et qui devait nous offrir un spectacle bien nouveau, assurait-on.

Dans le Nord, comme partout ailleurs, les routes sont des sentiers courant sur le flanc des montagnes, dont ils suivent les sinuosités, évitant la rapidité des pentes par des lacets continuels. Cependant l'art s'y fait sentir un peu plus dans le Nord. Ici, c'est un petit pont de pierres qui évite une flaque d'eau marécageuse; là, ce sont des cailloux amoncelés renforçant le sol. De distance en distance, des pyramides de pierres marquent la direction du chemin, alors que, caché sous les neiges de l'hiver, il se confond avec le sol environnant.

Après deux petites heures d'une course rapide, nous aperçûmes une chaîne de montagnes séparée de nous par une profonde vallée arrosée par un torrent. Les flancs de ces hauteurs, tapissés de verdure, semblaient couverts de ces ajoncs si communs en Bretagne. C'était justement la forêt que nous allions chercher. Pour être juste il faut dire que, en nous rapprochant, cette forêt prit un aspect un peu plus sérieux, et, après avoir traversé un gué, nous éprouvâmes une sorte de volupté à nous étendre sur les gazons qui avoisinent les bouleaux nains, mais encore grands comme de beaux taillis de sept à huit ans, atteignant une hauteur de deux à trois mètres.

Une véritable chaleur régnait dans cette délicieuse solitude. Ce n'était plus l'Islande, mais une vallée des Pyrénées ou des Alpes que nous foulions aux pieds. Le bois de bouleaux s'étend assez loin dans cette région, par bouquets plus ou moins rapprochés, et assez touffus pour embarrasser la marche de celui qui veut y pénétrer.

De nombreuses compagnies de ptarmigans animaient ce bel endroit. Ces oiseaux, encore tout jeunes, s'envolaient à peine à notre approche, et couraient devant nous comme des troupes de poussins effarouchés.

Il avait été parlé d'une excursion fort intéressante, sur la route même de la forêt, mais à une distance plus que double. Au milieu de la gaieté d'un déjeuner sur l'herbe, la course fut votée par acclamation. Il était midi et demi, et l'on monta immédiatement à cheval. Nos excellentes montures s'étaient, de leur côté, livrées à un repas succulent aux dépens du tapis de verdure qui nous servait à la fois de table et de siège, et nous les retrouvâmes prêtes à nous mener rapidement au but que nous nous étions proposé.

On repartit donc joyeusement. La route continuait plus belle et mieux entretenue que nulle part, ce qui s'expliquait par la réputation dont jouit cet endroit privilégié, et qui est devenu un but d'excursion pour les gens du pays et les touristes.

Nous continuions d'être favorisés par un temps magnifique, et d'avoir sous les yeux les sites les plus grandioses et les plus enchanteurs. Après deux heures d'une course rapide, nous atteignîmes un petit lac dont nous côtoyâmes les rives, et enfin un temple rustique environné de maisons de bonne apparence.

Le guide nous conduisit chez le pasteur, vieillard à la figure ouverte et bienveillante, qui nous reçut de très bonne grâce, et nous donna un de ses fils pour nous conduire à la cascade, but de notre promenade. Devant nous, à perte de vue, s'étendait une vaste plaine couverte d'arbustes, où les pluviers dorés faisaient entendre leur cri monotone, et couraient presque sous les pieds de nos chevaux. Des compagnies de perdrix blanches traversaient les sentiers, se dissimulant à peine derrière les anfractuosités nombreuses du terrain.

Au loin une colonne de vapeur s'élevait à une prodigieuse hauteur, ce qui nous fit deviner l'emplacement de la cascade, et préjuger de la grandeur du spectacle qu'annonçait un pareil nuage de poussière humide. Après avoir traversé deux gués assez rapides, nous arrivâmes enfin au but, et nous n'eûmes certes pas lieu de regretter la peine que nous nous étions donnée pour l'atteindre.

Une rivière impétueuse, de quarante mètres de large, roulait entre deux murailles verticales ses eaux d'un blanc de lait; à un certain point de son cours, elle se précipitait dans un vaste bassin naturel taillé à pic dans le roc, en deux nappes formant entre elles un angle obtus, au sommet duquel deux colonnes basaltiques s'élevaient, laissant passer entre elles une petite chute qui constituait le fond du tableau et tombait entre les deux grandes. Cette cascade à triple compartiment produisait un bruit effroyable, et formait cette colonne d'eau vaporisée que nous avions aperçue de loin. En quittant le bassin, où elle avait comme repris une impétuosité nouvelle dans son repos momentané, l'eau s'élançait entre des roches abruptes pour retomber, à cent mètres plus loin, en une nouvelle chute moins large, moins audacieusement disposée, mais peut-être d'un aspect plus saisissant que le premier.

Partout le sol déchiré témoignait de convulsions horribles, et des puits naturels, descendant dans des cavernes qui donnaient sur les côtés de la rivière, permettaient de voir l'eau bouillonner à des profondeurs vertigineuses.

Nous restâmes longtemps comme abîmés dans une admiration qu'aucune parole n'aurait pu exprimer; mais il fallut bien pourtant nous arracher à ce spectacle, et doucement, au petit pas de nos chevaux, rêvant encore en nous-mêmes à ces étranges phénomènes, nous traversâmes la plaine de lave par laquelle nous étions venus pour retourner à la maison du pasteur.

Une cordiale hospitalité nous y attendait : la table était dressée, couverte d'une nappe d'une propreté éclatante, et chargée de vases contenant du lait, du beurre, de la crème. On y joignit d'excellent café, dont les Islandais sont très friands et qu'ils savent préparer à merveille. Une jolie personne, que sa ressemblance avec le pasteur indiquait comme sa fille, surveillait nos moindres désirs, les devinait avec une grâce touchante, accueillant nos remerciements en français par de joyeux éclats de rire, qui montraient une rangée des plus belles dents du monde. Par une exception fort agréable, la vaisselle qui nous était servie était propre, et nous obtînmes un seau d'eau claire, qui nous permit d'entretenir cette propreté lorsque nous changions d'aliments.

Nous n'étions pas nous-mêmes sans avoir apporté quelques restes du déjeuner du matin, fort présentables encore ; en sorte que, nos ressources aidant, nous eûmes un repas qui ne laissa rien à désirer. Un malade était couché dans une salle voisine que l'on nous pria d'aller voir, ce que nous fîmes de bonne grâce, et en prenant un air entendu. Sans notre ignorance de la langue islandaise, nous nous fussions certainement trouvés dans l'obligation d'indiquer quelque remède.

Enfin il fallut partir et quitter ces braves gens, auxquels nous pûmes laisser une notable quantité de pain et de vin. Cette dernière denrée est surtout précieuse dans ce pays, et fut acceptée avec une vive reconnaissance.

Notre guide, que de copieuses libations avaient excité, mena le retour avec une vitesse incroyable, et nos admirables petits chevaux l'effectuèrent à sa suite avec un admirable entrain. A huit heures du soir nous étions de retour sur les bords de la rade, mais à près d'une heure d'Akoureyre, car il fallait côtoyer la mer par le fond de la baie, et en faire le tour.

Le soleil se couchait en ce moment derrière les montagnes, couronnant leurs sommets neigeux de teintes roses admirables. Dans la vallée qui s'étendait en face de nous serpentait la rivière, qu'il fallut traverser à gué; nos chevaux, un peu surmenés, puisèrent de nouvelles forces dans ce bain salutaire, et reprirent une course rapide jusqu'à Akoureyre.

Le 3 août, de bon matin et par un beau temps, la frégate appareilla et sortit d'Œ-Fiord en passant devant l'île de Grimsey, célèbre par les innombrables bandes de pluviers qu'elle contient. Nous jetâmes un coup d'œil sur Sight-Fiord, et cinglâmes vers le cap Nord.

Le ciel, si beau depuis plusieurs jours, changea pour se mettre à la pluie. Vers huit heures du soir tout s'embruma, et il s'éleva une belle brise de l'arrière. On établit toutes les voiles ; la machine fut arrêtée, et la frégate continua silencieusement sa route dans l'obscurité la plus complète. La terre avait disparu ; mais sa proximité restait sensible par les nombreuses bandes d'oiseaux qui passaient au-dessus de nous, et par les cris d'effroi des plongeons, qui s'enfuyaient sous l'eau à notre approche.

A quatre heures du matin, une éclaircie se fit dans la brume, et une masse noire apparut, tombant à pic dans la mer, d'une formidable hauteur, comme une borne immense jetée là devant les glaces éternelles. Mais nous eûmes à peine le temps de jouir de ce spectacle grandiose, car le rideau se referma aussitôt, et le navire continua sa marche.

Le cap Nord était doublé.

Toute la nuit on avait observé la température de l'eau pour pressentir le voisinage des glaces ; mais rien ne les annonça un seul instant, et cependant, malgré la douceur de l'air dans lequel nous naviguions, les glaces étaient près de nous, comme nous l'apprîmes par des pêcheurs qui venaient d'en rencontrer.

On redescendit rapidement la côte ouest avec le même vent arrière. Nous revîmes Dyre-Fiord, Patrix-Fiord, Grone-Fiord, dans chacun desquels on jeta un pied d'ancre pour quelques heures. Nous remarquâmes peu de changements, et les aspects de ces fiords étaient toujours les mêmes. Seulement les neiges avaient un peu fondu, et les sommets des montagnes étalaient des manteaux de moindre dimension et d'une blancheur moins pure. L'herbe aussi avait poussé un peu plus sur les hauteurs. Malgré cela, il y avait loin de cette région aux riants paysages des fiords de l'est et du nord, et nous ne pûmes trouver d'explication satisfaisante à cette différence qu'en l'attribuant à des circonstances fortuites.

Nous quittâmes ces lieux sans regret : il nous tardait de revoir Reykiawick.

Si pauvre que fût la petite capitale, elle renfermait des figures sympathiques; elle était un pas vers la civilisation, vers les habitudes de la patrie.

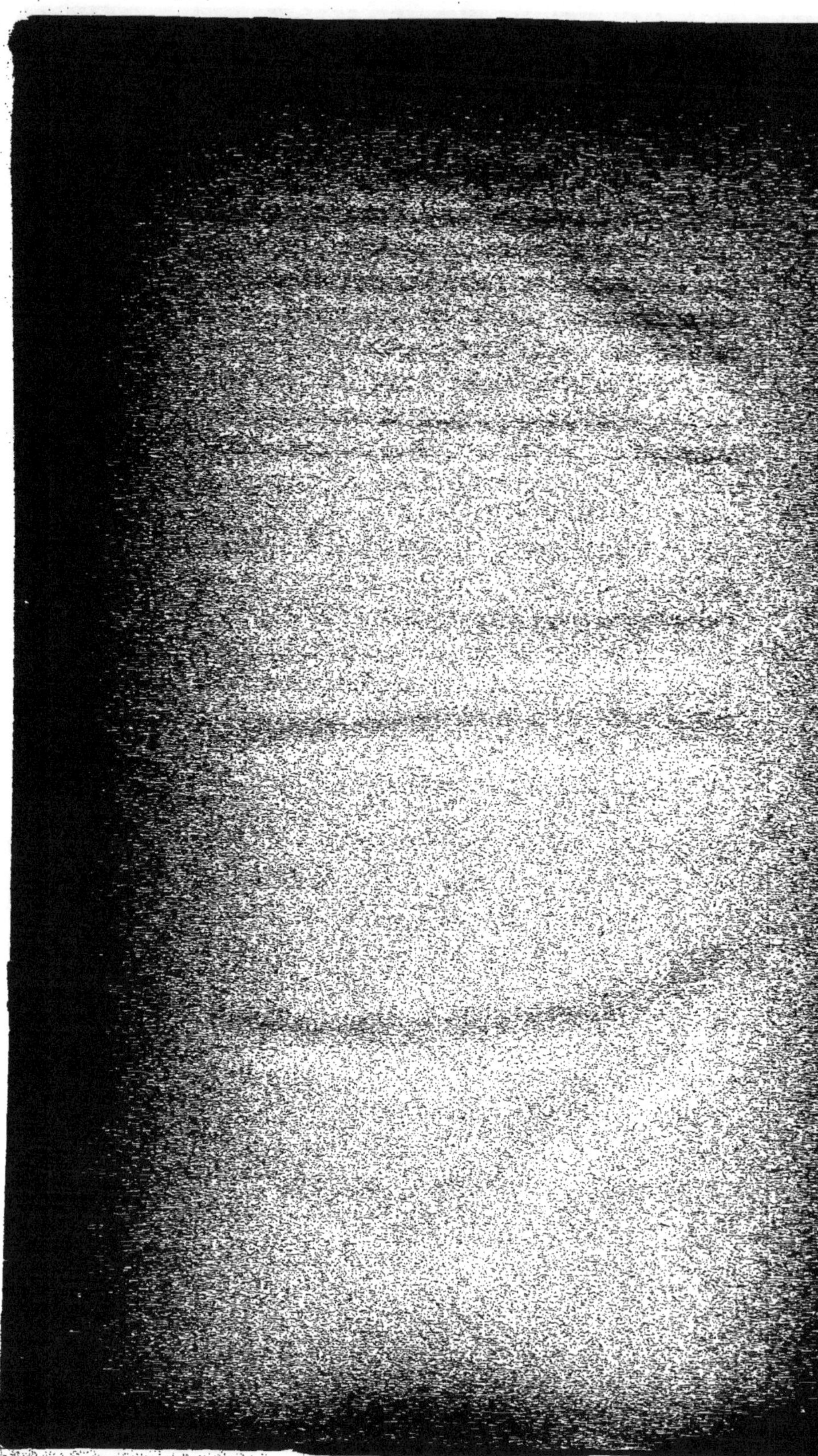

VI

LES GEYSERS

A peine étions-nous de retour à Reykiawick, que nous songions déjà à visiter les fameux geysers.

Nous aurions bien voulu aller jusqu'à l'Hécla ; mais cela aurait nécessité beaucoup trop de temps, de frais et de fatigues, et l'on se résigna à restreindre la course.

Nous n'étions plus novices dans l'art d'excursionner en Islande, et cette fois nous connaissions déjà la moitié du chemin que nous nous proposions de faire. Nous avions été si contents de Senga, notre guide de la course de Thing-Valla, que notre première pensée fut de nous adresser à lui. Nous partîmes à sa suite, au nombre de trois amis, sans avoir oublié de prendre en notre compagnie le fidèle chien Bochet.

De Reykiawick à Thing-Valla, rien à dire : nous connaissions déjà ce pays désolé. Sans nous être pressés, nous arrivions à quatre heures du soir à l'Almanaya. Le brave pasteur, notre ancienne connaissance, était à son poste, toujours un peu gourmé sous son vêtement noir, et affublé d'un magnifique devant de chemise en satin. Il nous reconnut à merveille, et la conversation s'engagea en latin avec l'assurance de gens qui se sont déjà tâtés, et n'ont plus de respect humain les uns vis-à-vis des autres. Barbarismes et solécismes se succédaient sur nos lèvres à les écorcher; mais c'était matière à un fou rire, et nous nous comprenions, ce qui était l'essentiel.

Il nous restait une belle soirée à employer, et nous allâmes revoir avec plaisir cette merveilleuse plaine, avec ses grottes magiques et la cascade que l'on aperçoit de tous les points et qui sert de guide.

Le lendemain, dès six heures du matin, nous étions sur pied. De gais rayons de soleil pénétraient dans notre chambre, heureux présages d'une belle journée. Notre hôte rôdait autour de la chambre, partagé entre la crainte de nous réveiller et le désir de connaître nos besoins.

Après un échange de cordiales poignées de main, nous nous hâtâmes d'accepter les tasses de café au lait qui nous furent offertes, et comme l'étape devait être longue, nous prîmes incontinent le chemin du geyser. Le ciel était superbe, et aux rayons du soleil matinal les neiges des glaciers environnants brillaient d'un éclat merveilleux.

Nous arrivâmes, par une plaine de lave, à un plateau entouré de montagnes circulaires très élevées et complètement nues. L'action volcanique y est restée en évidence dans toute son horreur. Plus d'arbustes, plus un brin d'herbe, pas même les lichens qui se retrouvent aux endroits les plus arides : des pitons bruns, noirâtres, calcinés par le feu, et conservant les formes tourmentées d'une action souterraine à peine assouvie. Il faut renoncer à décrire de pareils sites, car aucune expression ne fera concevoir l'idée d'une nature presque infernale.

Le sentier qui tourne autour de ces montagnes arrive à une rampe qui s'infléchit brusquement derrière elles. Une surprise nous était réservée à cet endroit. A nos pieds, une vaste plaine verte, arrosée par une rivière au cours sinueux, et coupée de lacs aux eaux bleues, s'étendait à perte de vue, et au fond, dans un lointain merveilleux de transparence et dont le regard saisissait tous les détails, l'Hécla, en forme de coupole couverte de neige que le soleil rendait étincelante, nous apparaissait dans toute sa majesté sauvage.

Nous allions désormais côtoyer cette plaine pendant cinq à six lieues, la traversant quelquefois, cherchant le plus souvent ses bords pour éviter les marécages impraticables, et dans une de ses parties nous trouverions les geysers. Arrivés sur des terrains plats, les chevaux purent se livrer à une course plus rapide. Le soleil nous inondait de ses rayons, réfléchis encore par les hauteurs que nous laissions à notre gauche, et nous étions étonnés et ravis de rencontrer en Islande une température semblable.

Après avoir couru dans la plaine, traversé des marais, franchi des éminences boisées d'arbustes et hantées par un abondant gibier, nous arrivâmes à une habitation nommée Miodalr, située à mi-chemin des geysers. Senga nous fit signe de nous y arrêter. Il était midi, l'appétit nous était venu, et nos modestes provisions, augmentées du laitage délicieux que les habitants nous offrirent, nous procurèrent un des meilleurs repas que nous eussions encore faits.

De notre halte au point d'arrivée, le voyage se continua sans épisode qui mérite citation. On avait toujours à sa droite la grande plaine que l'on ne devait plus perdre de vue, et l'Hécla dans le lointain. Entre la chaîne de l'Hécla et nous se dressait une autre chaîne de glaciers moins élevés, et tandis que, à cause du grand éloignement, le célèbre volcan ne semblait pas se rapprocher, la distance de ceux-ci, au contraire, diminuait sensiblement.

Vers quatre heures du soir, de nombreux panaches de fumée blanche nous apparurent sur les flancs d'un coteau. C'étaient les geysers. Pour les atteindre, il fallait faire un grand détour afin d'éviter un marécage perfide qui dissimulait sa présence sous un tapis de verdure. Ce détour nous fit passer près d'une petite cure, avec son temple peint en noir, aux fenêtres bordées de blanc et à la toiture surmontée d'une croix. Ces modestes monuments ajoutent un grand charme à certains paysages islandais.

Enfin nous atteignîmes la terre mystérieuse, but de notre excursion. Dès l'abord on est saisi par une odeur sulfureuse, trop peu intense pour être désagréable ou gênante, et l'on aperçoit des nuages de fumée qui sortent de terre. Le guide recommande de suivre exactement le sentier tracé, et l'on comprend bien vite la sagesse de cette exhortation, car le sol est littéralement criblé de petites craquelures, où l'on entend bouillir l'eau à des profondeurs diverses, et par lesquelles on la voit même s'échapper pour se déverser dans des ruisseaux brûlants. Point ne faut, par conséquent, s'en aller à l'étourdie.

Arrivés à un plateau gazonneux, quartier général de tous ceux qui sont venus contempler les geysers, on descendit de cheval en laissant au guide la tâche de les soigner, et l'on se hâta d'aller faire connaissance avec les merveilles environnantes.

Les geysers sont, à proprement parler, des sources d'eau bouillante qui, en vertu d'une action souterraine encore mal connue, jaillissent à des époques et à des hauteurs variables. Depuis de longues années, les geysers d'Islande excitent au plus haut degré la curiosité des savants et des touristes, et de fort anciennes descriptions permettent d'assurer que des modifications profondes ont eu lieu dans leurs positions relatives, ce qui n'est guère étonnant dans un sol aussi sujet à des bouleversements souterrains.

Aujourd'hui trois bassins seulement lancent de l'eau chaude; mais une infinité d'autres bouillonnent à des profondeurs plus ou moins grandes, colorés diversement selon la nature des sels qu'ils ont dissous, ou conservant une limpidité d'eau de roche. Par extension on appelle geysers tous ces bassins, qu'ils projettent ou non leurs eaux. Les geysers jaillissants sont nommés le grand et le petit geyser et le Strockür.

Le grand geyser est incontestablement le plus beau et le plus majestueux, à ne considérer même que le bassin qui contient ses eaux. Au sommet d'une sorte de cône très évasé et d'une petite annexe, formée par les dépôts salins sortis du cône, est un bassin presque circulaire, d'une douzaine de mètres de diamètre et d'un mètre de profondeur. Ce bassin contient une eau parfaitement limpide, dont le niveau est très variable, sans que l'on puisse dire la cause de ces variations, qui sont quelquefois très subites. Quand nous y arrivâmes, l'eau effleurait les bords du bassin, et se déversait dans un ruisseau par une échancrure. Sa transparence permet d'apercevoir au fond du bassin un large trou, qui le met en communication avec l'officine diabolique de l'intérieur de la terre. Une fumée blanche s'en échappe constamment, répandant alentour comme une odeur de laiterie. L'eau du grand geyser est, du reste, agréable à boire, n'était sa température qui dépasse cent degrés et dont il est prudent d'attendre l'abaissement avant de se l'ingurgiter.

Les éruptions en sont fort irrégulières et tout à fait impossibles à prévoir. Elles s'annoncent par des détonations souterraines, comparables à des coups de canon; puis, après des efforts intérieurs inexplicables, ou du moins inexpliqués, une gerbe d'eau jaillit et retombe, suivie d'autres jets semblables. On ne sait jamais quelle sera la durée d'un phénomène qui semble être un caprice de la nature. Nous comptions passer la nuit auprès du grand geyser, afin d'être prévenus par les bruits souterrains s'il daignait se mettre en frais pour nous. Mais nous sûmes qu'il avait jailli la veille et l'avant-veille, de sorte que nous n'avions qu'une bien mince espérance de le voir répondre à nos désirs.

Nous passâmes ensuite à l'examen d'un autre bassin, situé à peu de distance et plus considérable en superficie après le grand geyser. Celui-ci ne forme pas une source jaillissante; mais ses bords taillés à pic permettent qu'on l'interroge des yeux à une grande profondeur; et il offre, par cela même, un intérêt qui, pour être d'un autre genre, n'en est pas moins vif.

Il se compose de deux cuvettes circulaires juxtaposées, communiquant par un canal étroit et peu profond. Ce petit canal s'est formé dans une croûte de faible épaisseur, et en dessous de laquelle les bassins doivent aboutir à une seule chaudière. L'eau est également d'une admirable limpidité et d'un vert qui nous rappelait celui des eaux des crevasses de Thing-Valla. L'œil peut plonger à plus de vingt mètres. Tous les objets qui sont au fond du gouffre se sont recouverts de sels blancs, qui, vus à travers la masse liquide, offrent une belle teinte d'aigue-marine.

On devine plutôt qu'on ne voit des cavernes, s'étendant jusqu'aux feux souterrains, et l'on s'attend à chaque minute à voir les esprits des eaux intérieures sortir de leurs retraites incandescentes. Ce bassin exerce une véritable fascination : les mystères qu'il recèle attirent et donnent comme le vertige. On voudrait se précipiter dans ces incommensurables profondeurs.

Les eaux de ce bassin doivent être moins dosées de sel que les eaux du grand geyser, à en juger par leur goût, qui paraît moins prononcé.

Le petit geyser, situé beaucoup plus bas que les précédents et à un niveau inférieur, est très complaisant de sa nature, car, durant notre séjour de seize heures, il voulut bien nous donner jusqu'à trois représentations de ses jets d'eau bouillante.

C'est un bassin de soixante centimètres environ, dans lequel l'eau bout avec une violence extrême. Sans que rien avertisse de ses fantaisies, il lance des jets de deux mètres, qui se succèdent par accès irréguliers d'une durée de quinze à vingt minutes. Son eau est aussi d'une parfaite limpidité.

Comme il a été dit plus haut, il existe bien d'autres petits bassins ressemblant à des marmites d'eau bouillante, déversant leurs eaux dans des ruisseaux, dont le lit est incrusté de dépôts de sels des couleurs les plus variées. La colline est littéralement criblée de ces soupapes de l'action souterraine.

Il nous reste à décrire un geyser fort curieux, et par le volume d'eau qu'il lance, et parce que son jet peut être sollicité à volonté.

Le Strockür est un puits large d'un mètre et demi, dont les bords, formés par des dépôts de sels rougeâtres, se sont légèrement exhaussés par rapport au sol environnant. Lorsqu'on regarde dans ce puits, on aperçoit à quatre ou cinq mètres une eau très sale, bouillonnant avec force et avec beaucoup de bruit. Nous n'étions pas sans connaître les singulières propriétés de ce geyser, et nous nous mîmes à lui lancer force pierres, à lui tirer des coups de fusil, à l'exciter de toute manière.

Rien n'y faisait.

Aux coups d'armes à feu, une fumée blanche très épaisse sortit du gouffre; les bouillonnements souterrains cessèrent un instant; puis toutes choses reprirent alors leur cours accoutumé. Nous cherchâmes alors Senga, pour appeler son expérience à l'aide de notre curiosité. Notre brave guide, après avoir dessellé les chevaux, était parti, emmenant avec lui tous les animaux et laissant notre matériel sur l'herbe. Il fallut donc prendre patience jusqu'à son retour.

Il revint bientôt, apportant avec lui une petite tente islandaise, assez semblable aux tentes-abris de nos soldats, et nous nous empressâmes de l'aider dans l'établissement de cette fragile demeure.

Nous aurions pu certainement demander l'hospitalité dans une des cases voisines, et elle nous eût été accordée de grand cœur; mais l'éruption du grand geyser eût eu lieu pendant la nuit que nous aurions perdu ce beau spectacle, tandis que, couchés sur la terre à quelques mètres de lui, nous serions réveillés par les grondements qui annoncent toujours le phénomène. D'ailleurs il faisait un temps superbe, nous avions de bons manteaux pour nous envelopper, et la terre n'est pas dure quand on est jeune et qu'on est resté douze heures à cheval.

Rien n'est amusant comme ces installations

improvisées. Nous n'avions pas de bois pour faire du feu; mais de tous côtés des sources d'eau excellente, à une température élevée, pouvaient nous en tenir lieu, et nous nous mîmes aussitôt en mesure de préparer un dîner chaud, que nos estomacs réclamaient impérieusement. Senga était revenu, suivi d'un Islandais qui apportait du lait et une pelle. Cet instrument nous avait paru destiné à la consolidation de notre maison de toile; mais il avait une utilité bien différente, dont nous eûmes l'explication quelques instants après.

Pendant que notre petite cuisine mijotait sur le bord d'un geyser, Senga, aidé de son compagnon, amassait tout près du Strockür une infinité de mottes de terre. Quand le tas fut à hauteur d'homme, il s'arrêta et nous fit comprendre que l'amas était suffisant. Cela nous fit voir pourquoi nos misérables présents n'avaient produit aucun effet sur le geyser capricieux. Nous avions été trop avares.

Après le dîner composé d'une soupe au lait, de jambon fricassé à la mode du pays, d'œufs durs, de beurre et d'un excellent café préparé à l'eau du geyser, nous ralliâmes les bords du Strockür, et, tous ensemble réunissant nos efforts, lui lançâmes en bloc l'amas de terre préparé à son intention. Un nuage de fumée sortit aussitôt; le bouillonnement intérieur cessa de se faire entendre, et nous attendîmes. Nous commencions à trouver le temps un peu long, et, impatients, nous cherchions à sonder du regard le fond du gouffre que la fumée nous cachait entièrement, quand subitement l'eau s'élança à une hauteur énorme, et nous n'eûmes que le temps de faire un écart brusque pour n'être pas échaudés, riant comme des fous de la belle peur que nous avions eue.

Les eaux du Strockür, heureusement, retombent perpendiculairement et se répandent à peine autour de l'orifice. Dès lors l'éruption continua avec une intensité remarquable. Les jets avaient lieu par accès, et dans leur plus grande hauteur atteignaient vingt-cinq mètres. Par instants, le monstre fatigué s'arrêtait un peu, et nous croyions le phénomène épuisé; il n'en était rien, et quelques minutes après tout recommençait de plus belle.

Il est fâcheux que le procédé employé pour provoquer l'éjaculation rende l'eau très boueuse, ce qui nuit au coup d'œil; mais il n'en était pas moins curieux de voir ce Strockür rejeter les débris qu'on lui avait prodigués depuis sa dernière éruption et qui retombaient de tous côtés.

Une heure après, le Strockür continuait son jeu, mais nous n'en avions pas attendu la fin pour revenir à notre tente; enveloppés dans nos manteaux, nos selles sous nos têtes, nous goûtâmes le sommeil des gens satisfaits, non sans avoir invoqué les esprits du grand geyser pour qu'ils nous fussent favorables.

Notre vœu ne devait pas être exaucé, et, le lendemain matin, le premier qui se réveilla, regardant sa montre, constata qu'il était près de six heures. Tout le monde avait dormi profondément, et nul bruit souterrain ne s'était fait entendre. Le réveil se fit joyeusement : chacun passa ses poings sur ses yeux, et l'on se demanda si l'on devait attendre le bon plaisir du grand geyser. Tout bien considéré, on se décida à partir le matin même.

Les vivres tiraient à leur fin, et maintenant qu'on avait exploré toutes les curiosités des alentours, que faire en attendant l'heure incertaine d'un phénomène qui pouvait tenir indéfiniment notre patience en suspens? L'ordre du départ fut donc donné. Chacun chercha un ruisseau d'eau chaude pour faire ses ablutions, et les objets furent réunis pour être emballés.

Un point à noter : la veille au soir, le bassin du grand geyser, rempli jusqu'au bord, déversait son trop-plein dans un ruisseau abondant dont la température devenait très agréable à quelque distance. J'avais, pour ma part, lorgné du coin de l'œil une petite cuvette naturelle formée dans la geyserite, me gardant bien d'en dire mot, et me promettant d'en tirer parti le lendemain pour mes soins de toilette matinale.

O déception! mon ruisseau n'existait plus.

Depuis la veille, les eaux du bassin avaient considérablement baissé de niveau et ne se déversaient plus au dehors. Il me fallut chercher ailleurs, et je finis par découvrir mon affaire sur les bords d'une autre source bouillante, mais non sans regretter le cabinet de toilette sur lequel j'avais compté.

Le déjeuner se fit non moins gaiement que la veille. Un excellent café répandit en nous une bienfaisante chaleur très nécessaire, car le vent du nord soufflait dur et nous avait quelque peu transis.

A huit heures nous montions à cheval après avoir rémunéré l'honnête Islandais qui avait mis à notre disposition sa tente, son lait et sa complaisance, et nous reprîmes le chemin du retour, regrettant un peu le geyser, mais heureux de voir le temps se maintenir au beau. Nous espérions bien, d'ailleurs, varier le voyage en tuant et pluviers et perdrix que nous avions négligés en venant, et qui devaient servir à ravitailler la table de nos amis de Reykiawick.

Du reste, en Islande, la chasse n'est qu'une série d'assassinats ; car le gibier y est d'une abondance inouïe et si peu farouche, que de peur de trop l'abîmer on est obligé de se reculer pour lui lancer le coup de fusil. Si l'art y perd, le garde-manger en profite, et dans un pays où les ressources alimentaires sont bornées, c'est une compensation très appréciable.

Vers quatre heures du soir, en quittant la prairie pour rentrer dans les plaines de lave qui précèdent Thing-Valla, nous rencontrâmes une petite caravane semblable à la nôtre, où se trouvaient deux jeunes gentlemen anglais venant du Nord et allant visiter les geysers. Nous échangeâmes avec eux quelques mots de politesse, et souhaitâmes à ces messieurs que le grand geyser se départît en leur faveur des rigueurs qu'il nous avait témoignées.

Une dernière curiosité nous restait à voir qui ne nécessitait qu'un léger détour : c'est un cratère de volcan éteint, volcan en miniature et dont les fureurs n'ont jamais dû mettre à mal le pays avoisinant. Nous trouvâmes, en effet, un petit cône, haut de trois à quatre mètres, dont le cratère taillé irrégulièrement offrait par endroits un point d'appui pareil à une rampe, d'où l'on pouvait plonger le regard assez commodément dans les entrailles de l'ex-volcan. Des plantes grimpantes serpentaient sur les flancs de laves rougeâtres et produisaient un joli effet. Après quelques instants, nos yeux habitués à l'obscurité purent voir le fond à peu de distance; mais sans doute des cavernes que nous n'apercevions pas communiquaient avec des profondeurs que nous soupçonnions sans les reconnaître.

Il nous sembla que ce volcan minuscule usurpait un peu sa qualification ambitieuse, et qu'il n'était, en réalité, qu'une boursouflure qui s'était produite dans la lave encore en fusion, laquelle, en donnant un brusque passage aux gaz intérieurs, avait affecté, en se refroidissant, la forme conique qui valait à ce petit monticule évidé le nom de volcan.

A huit heures, nous étions de retour à Reyklawick.

VII

LES DERNIERS JOURS EN ISLANDE

Il nous restait encore une douzaine de jours à passer à Reykiawick; moins distraits par les excursions, nous pûmes consacrer ce temps à voir la petite société de cette minuscule capitale. La langue française y est assez répandue parmi les hommes d'une certaine classe; mais les femmes la parlent peu, et n'osent pas s'y aventurer en présence de Français, ce qui rend d'abord les relations un peu froides et gênées. Pourtant l'accueil était partout hospitalier, rempli d'aménité, et la maison du consul de France était particulièrement agréable.

Négociant danois établi à Reykiawick depuis longtemps, il vit avec une nombreuse famille dont plusieurs jeunes demoiselles aussi bonnes que simples de manières. La langue française y est en honneur, et on l'y parle avec une facilité qui nous surprit. Nos relations n'en furent que plus cordiales.

Pour terminer la saison par une politesse très goûtée des Islandaises, on avait invité les dames à venir visiter la frégate. Par un jour de beau temps, toutes les embarcations furent mises à leur disposition, et un petit goûter arrosé de vin de Champagne égaya la fête. Les Reykiawickois résolurent de répondre à cette gracieuseté d'une manière mémorable, et, quelques jours après, une gigantesque partie fut organisée qui devait réunir tous les notables de la ville et des environs avec les officiers français et ceux de la corvette danoise.

Tous les chevaux avaient été réquisitionnés à la ronde, et les jeunes dames et les jeunes filles, dans leurs plus beaux atours, s'empressèrent de répondre à l'invitation. Malheureusement l'ancien et gracieux costume islandais avait été proscrit, et l'on ne voyait que les modes françaises de l'avant-dernière année.

Lorsque la caravane s'ébranla, elle comptait plus de quatre-vingts chevaux, non compris ceux des domestiques et des bagages, portant les provisions de la journée. Dire la franche gaieté, les rires sans fin, les joyeuses exclamations qui accompagnèrent le voyage, serait impossible. On alla visiter des grottes curieuses situées sur la route du cap Reykaness, et qui étaient le but de la promenade. Après un déjeuner pantagruélique servi sur l'herbe, commencèrent les danses, les libres ébats et les petits jeux.

Il n'y avait là ni ornements ni apprêts, mais seulement un beau ciel d'un bleu pâle au-dessus de la tête, et sous les pieds un riche gazon émaillé de boutons d'or. Puis les groupes se formèrent pour parcourir à pied les environs en compagnie des dames, dont la timidité habituelle avait fait place à un honnête et charmant laisser aller. On se rallia sur la fin du jour, et des reliefs du déjeuner on fit encore un dîner énorme qui fut dévoré consciencieusement et arrosé de même; car les flegmatiques hommes du Nord, sérieux en toutes choses, le sont peut-être encore davantage à table.

A onze heures du soir, toute la bande revenait au logis. Les hommes se tenaient bien un peu raides sur leurs chevaux et quelques dames parlaient deux ou trois langues à la fois; mais, au total, la loi du décorum n'avait pas sensiblement à souffrir de l'attitude générale, et tout le monde fut parfaitement satisfait de cette bonne journée.

Sur ces entrefaites, l'époque de la session de l'Althing ou assemblée nationale était arrivée, et déjà nous voyions venir par toutes les routes, en caravane, accompagnés de leurs femmes, les élus des districts qui augmentaient ainsi la population de Reykiawick. Les honorables députés étaient bien reconnaissables à leur costume qui sentait l'apparat, et leurs femmes n'étaient pas moins endimanchées. Les chapeaux surtout, tant des maris que des épouses, offraient une collection vraiment comique de modes disparues.

Le terme de notre séjour à Reykiawick approchait : le mois d'août était fort entamé, les nuits devenaient presque noires, et des traces d'aurore boréale avaient déjà illuminé les profondeurs de l'horizon. Nous n'attendions que l'arrivée du courrier pour partir et regagner des terres plus favorisées et plus fécondes, mais non aussi curieuses ni aussi grandioses.

Nous n'osions plus faire d'excursions lointaines, car le vapeur pouvait arriver d'un instant à l'autre. Quand nous montions à cheval, c'était pour nous diriger vers la rivière du Saumon. Le hasard nous fit assister une jour à une pêche dans la rivière, et nous comprîmes dès lors le motif qui lui avait fait donner son nom.

Deux ou trois Islandais, en un rien de temps, avaient barré un bras de la rivière pour détourner le cours de l'eau dans un autre bras. Cette opération s'était faite au moyen de cailloux reliés entre eux par des mottes de gazon que l'on découpait sur la rive. Naturellement ce bras de rivière, presque entièrement mis à sec en aval du barrage, ne recevait plus d'eau que par quelques infiltrations, et nous aperçûmes alors les saumons qui cherchaient à se réfugier dans le barrage même. C'est ce moment que choisissent les pêcheurs pour entrer dans le lit de la rivière avec de petits filets emmanchés au bout d'une gaule. Les pauvres saumons fuyaient leurs ennemis en faisant des bonds énormes ; mais les filets faisaient leur œuvre, et bientôt nous vîmes les poissons étendus sur l'herbe et bayant tristement.

En moins d'un quart d'heure, trente à quarante saumons de toute taille étaient pris. Le propriétaire du cours d'eau nous apprit que cette pêche constitue un revenu sérieux de certaines rivières. En barrant successivement tous les bras de la sienne, il en avait ainsi pêché dans sa journée environ trois cent cinquante. Ces saumons sont expédiés en Danemark, salés et conservés en barils. Ou bien on les fume, et ils deviennent, sous ces deux formes, un article important de commerce avec l'Allemagne.

Dans une autre promenade sur les bords de la même rivière, nous eûmes le complément de cette scène de pêche. Nous étant arrêtés à quelque distance d'une chute de plus de deux mètres de hauteur, nous vîmes les saumons s'élancer pour la franchir, et en peu de temps il en sauta un assez grand nombre pour nous permettre de bien observer ce phénomène. Ceux qui ne réussissaient pas dans leur première tentative retombaient dans l'eau bouillonnante ; mais bientôt, reprenant de la force, ils arrivaient avec un élan plus vigoureux et franchissaient l'obstacle. Des saumons de toutes grandeurs parvinrent ainsi dans la partie supérieure de la rivière, et nous nous demandions avec étonnement par quel miracle de force ces animaux, si peu propres en apparence à de pareils exercices, y réussissaient si bien.

Les jours s'écoulaient avec rapidité; le temps demeurait si beau que l'on ne se croyait plus en Islande. Dans le milieu du jour, il faisait une véritable chaleur. Le ciel, d'une pureté infinie, se réfléchissait dans une mer unie comme une glace, et les montagnes gazonnées paraissaient se doubler par leur miroitement dans les eaux limpides.

Un jour une fumée parut dans le lointain, et le paquebot fut signalé : dès lors on ne songea plus qu'aux adieux. Avant de partir, nous voulûmes emporter comme souvenir la belle carte géographique de l'Islande dressée par M. Olsen. Cet ingénieur, dévoué à son pays, a passé vingt ans de sa vie à voyager à travers cette grande île, notant les moindres cours d'eau, les sentiers, les rochers, les marécages. Son œuvre est une merveille de patience et de vérité, et le dessin en est excellent. C'était nous rendre service à nous-mêmes que de nous procurer ce beau travail.

Puis nous allâmes faire une dernière visite d'affection à ceux que nous étions autorisés à considérer comme de bons amis, en première ligne, à la famille de l'agent consulaire. Ils répondirent tous avec leur cœur aux souhaits bien sincères que nous formions pour eux. Tous les ans le départ de la frégate française est une époque de regrets pour les notables habitants de Reykiawick, car avec elle s'éloigne la seule distraction agréable qu'il soit donné à ces braves gens d'éprouver.

Le soir de l'arrivée du paquebot, comme chacun sortait joyeusement de table, une triste nouvelle se répandit tout à coup. Un second maître de timonerie du bord venait de mourir subitement. Il faut savoir ce qu'est à bord un marin de cet ordre pour comprendre la douloureuse impression que causait une telle perte. C'est un compagnon constant des officiers sur le pont : sans cesse sur l'arrière du navire, la longue-vue en main, il rend compte des moindres mouvements du dehors, prévient les officiers de toutes choses, et ce contact perpétuel engendre une familiarité relative; aussi chaque officier, durant les longues heures du service, a souvent conversé amicalement avec ce serviteur modeste, toujours empressé à être utile à ses chefs.

Celui que nous venions de perdre était un homme jeune encore, d'une tenue parfaite; deux jours auparavant, il s'était couché pour une indisposition, puis brusquement il venait de s'éteindre dans une syncope. L'effet produit fut universel. Le départ, qui était fixé au lendemain, fut remis d'un jour, et dès l'aube on conduisit à leur dernière demeure les restes de celui que la mort venait d'exiler pour jamais de la France. Les obsèques furent simples, mais le recueillement y fut grand. Officiers et matelots avaient tenu à rendre les derniers devoir à ce compagnon de route qu'on allait abandonner sur la terre étrangère et lointaine.

Le même jour, nous quittions Reykiawick et mettions le cap sur l'Europe. Bientôt le mont Hécla, couvert de neige, apparut une dernière fois; son aspect n'était plus celui qu'il nous avait présenté quand nous étions aux geysers, mais il restait imposant dans une ligne harmonieuse. Puis la brume s'épaissit peu à peu, emportant les dernières traces des blancs glaciers descendant vers la mer colorée des teintes rosées du soleil couchant.

Avec la nuit, la terre d'Islande disparut pour toujours à nos yeux.

Alors les étoiles brillèrent au ciel, et les feux d'une aurore boréale nous envoyèrent comme les derniers adieux de cette terre dont nous gardions un vif souvenir.

Tout s'évanouit, et les dernières ombres de la terre et les derniers feux du ciel, et la frégate s'éloigna rapidement, bercée par la longue houle des flots de l'Atlantique.

FIN DE LA PREMIÈRE PARTIE

DEUXIÈME PARTIE

I

LE PASSÉ DE L'ISLANDE

L'Islande paraît avoir été primitivement habitée, indépendamment de la race autochtone qui a complètement disparu, par des émigrés venus des îles Shetland, Féroë, de l'Angleterre et surtout de l'Irlande, qui aurait fourni le plus gros contingent de ces aventuriers coureurs de mers. Mais leur souvenir n'est resté qu'à l'état de tradition vague, et de leur passage le sol n'a gardé aucune trace.

Des Norwégiens fuyant le joug de Harald *à la belle chevelure,* chef ambitieux qui avait par ses armes asservi son pays, formèrent la tige d'où est issue la race islandaise. Avec eux ils apportèrent le culte d'Odin et de Thor. On a conservé le souvenir du point où aborda la première émigration norwégienne; c'est le cap

Ingolf, situé dans la partie méridionale de l'Islande, et qui porte le nom du chef qui le premier y mit le pied.

L'histoire de l'Islande, à cette époque reculée, n'est autre que celle des principales familles qui se disputèrent la suprématie, de leurs dissensions et des meurtres fréquents qui ensanglantèrent ce pays dépourvu de lois protectrices, jusqu'à ce qu'un Islandais nommé Ulfliot, épouvanté de cette tumultueuse anarchie, eut pris la résolution de lui rendre le calme et la paix. Il partit pour la Norwège, apprit par cœur les lois principales et les constitutions de la mère patrie, et à son retour, réunissant les principaux chefs de l'Althing, leur communiqua la législation dont il avait conservé les textes dans sa mémoire.

C'est sur ces bases que furent constitués les premiers règlements touchant les limites des districts et propriétés, et les relations réciproques entre les chefs et ceux qui s'attachaient à leurs personnes.

Malgré ces sages mesures, qui datent de la fin du IXe siècle, on eut encore à déplorer trop souvent des luttes atroces; bien des fois encore le sang rougit la terre, et, comme disent les vieilles chroniques islandaises, les cadavres humains nourrirent les corbeaux. Un demi-siècle plus tard, cependant, on commence à remarquer chez les principaux habitants un adoucissement dans les mœurs et un penchant plus marqué vers la justice et l'observation de la foi jurée. C'est l'influence du christianisme qui se fait sentir.

En effet, quelques prêtres irlandais étaient venus vers le milieu du xᵉ siècle, avaient répandu la semence évangélique, et un évêque saxon, ayant suivi des voyageurs islandais qu'il avait rencontrés et instruits sur le continent, vint se fixer dans le nord. En butte à une foule de vexations de la part des païens endurcis, affligé, d'ailleurs, par l'âge et les infirmités dues à un climat rigoureux, il fut obligé de retourner en Norwège, où il fit part de ses premières tentatives de prédication à saint Olaf; celui-ci conçut le projet de convertir l'Islande, et envoya un évêque avec mission de reprendre et de diriger l'œuvre ébauchée.

L'envoyé de saint Olaf fut l'évêque Thangbrandür. Ce prélat arriva dans l'Est, chez l'un des plus grands seigneurs, qui lui permit de résider sous une tente dans l'une de ses propriétés. Le jour de la Saint-Michel, ce seigneur, suivi de ses parents, vassaux et domestiques, vint assister aux offices, qui produisirent sur lui une impression favorable. Toutefois la prédication évangélique n'aurait pas suffi peut-être à lui inculquer la foi, si sa conversion n'eût été facilitée par la guérison miraculeuse d'une femme malade qui recouvra tout à coup la santé en recevant le sacrement du baptême.

De là l'évêque se rendit dans le Nord, où il ne rencontra pas les mêmes facilités pour l'exercice de son ministère; et il eut le tort de se départir des préceptes de douceur et de patience qui eussent fait sa force. L'Évangile d'une main, l'épée de l'autre, il inspira plus de répugnance que de sympathie pour la religion nouvelle, et il se vit obligé de retourner en Norwège, n'ayant pu obtenir aucun encouragement de l'Althing. Saint Olaf, très mécontent, retint en otage les Islandais de marque qui étaient à sa cour, et en envoya seulement deux à l'Althing pour y combattre en faveur de la liberté du christianisme, alors fort compromise.

Après bien des obstacles, des vicissitudes et des persécutions, les chrétiens eurent assez d'influence pour obtenir gain de cause, et dès ce moment l'Islande put être considérée comme acquise à l'Évangile. Les lois furent modifiées en ce qu'elles avaient de contraire à la nouvelle religion; peu à peu les familles restées dans le paganisme finirent, quoiqu'elles eussent conservé la liberté de leur culte, par se rallier, et bientôt il ne resta plus trace des anciennes superstitions.

Avec le christianisme les derniers restes de la barbarie ne disparurent pas complètement; la rudesse des hommes du Nord résistait encore à la pratique des préceptes évangéliques; jusqu'à la fin du XIIe siècle, l'histoire de l'Islande est toujours remplie par les luttes intestines des habitants, et en particulier par les dissensions de deux puissantes familles, Hurlunga et Haukdaila, qui entraînent dans leurs querelles toute la population islandaise.

Plusieurs fois l'on vit jusqu'à douze et quinze cents hommes en bataille pour chacun des partis, et l'on conçoit la perturbation que devaient amener de pareils conflits chez un peuple voué aux travaux de la terre. Heureusement que l'influence des évêques et des religieux parvint quelquefois à en conjurer les désastreuses conséquences.

C'est à cette époque qu'il faut placer l'origine de l'influence que cherchèrent à acquérir dans cette contrée les rois de Norwège, qui, profitant de ces troubles, soutenaient tel ou tel parti, intervenaient dans le choix des évêques, ne laissant échapper aucune occasion de faire acte de prépondérance. Ils avaient même acquis l'île de Grimsey, au nord de l'Islande, vis-à-vis d'Oc-Fiord, afin de se ménager un pied-à-terre d'où ils pussent, à un moment donné, étendre ouvertement leur pouvoir sur la terre même d'Islande.

Malgré ces causes perturbatrices, et grâce aux efforts apportés par les évêques et le clergé, la civilisation allait se développant de plus en plus chez cette rude population. Les lettres florissaient d'une manière étonnante, et de ce moment datent les plus beaux monuments de la littérature islandaise dans tous les genres, soit dans la langue nationale, soit dans les langues anciennes.

Avec le temps, le progrès s'accéléra de plus en plus, et ce petit coin presque ignoré du monde européen vit se développer un état de civilisation dont n'approchaient pas alors les nations qui passaient pour être les plus éclairées.

N'est-ce pas là un phénomène curieux et sur lequel on ne saurait trop insister ?

L'instruction s'était répandue dans toutes les classes de la société; les femmes mêmes participaient à ses bienfaits, et l'on en cite un grand nombre qui avaient poussé fort loin l'étude de la langue latine. On conçoit assez bien la raison de cette progression générale. Dans ce pays sévère et mélancolique, avec un climat qui oblige les habitants à se tenir renfermés chez eux la plus grande partie de l'année, le besoin de méditation, l'amour de l'étude, prennent facilement une grande part dans la vie, et, en élevant les intelligences, adoucissent les mœurs.

Or, dans ce temps, la Norwège et le Danemark étaient réunis sous le même sceptre, et plus tard, quand les événements politiques amenèrent la séparation, l'Islande, qui par son origine était norwégienne, resta sous le protectorat des Danois.

En 1402, la peste noire qui ravageait l'Europe arriva jusqu'en Islande, où elle fit beaucoup de victimes, détruisant des familles entières, affaiblissant par cela même l'esprit national, et facilitant la tâche que le Danemark s'était imposée de réduire cette grande île à une obéissance absolue, en lui enlevant l'autonomie dont elle avait joui jusqu'alors.

La réforme ne contribua pas peu non plus au succès de cette usurpation.

Comme les Islandais avaient coutume d'envoyer les jeunes gens étudier en Europe, principalement en Norwège, en Danemark, en Allemagne, c'est cette jeunesse d'élite qui fut la première infectée par l'hérésie. Grâce à une indigne trahison, l'évêque de Skalholt, bon vieillard qui de ses deniers entretenait des élèves sur la terre d'Europe, fut supplanté par un de ceux qu'il avait comblés de ses bienfaits, lequel se fit nommer évêque à sa place et fit profession publique de luthéranisme. Telle fut la prise de possession de l'Islande par la religion réformée.

Quant au pauvre vieil évêque de Skalholt, enlevé violemment par des Danois qui l'emmenèrent sur un navire de guerre, il ne tarda pas à succomber aux souffrances de l'exil et de la prison.

Il n'en alla pas de même avec l'évêque du Nord, qui montra plus d'énergie et résista plus longtemps. Celui-ci, après avoir donné avis au pape de ce qui se passait et avoir reçu l'ordre de concentrer entre ses mains l'autorité épiscopale, fit une opposition formidable à l'évêque luthérien, puis à son successeur envoyé de Copenhague, le premier étant mort.

Le protestantisme avait fait encore peu d'adeptes, quoique le Danemark ne se fît pas faute d'expédier en Islande de nombreux pasteurs. L'évêque catholique parcourait l'île du nord au sud, de l'est à l'ouest, faisant les ordinations et les confirmations, partout entouré d'une troupe d'hommes dévoués qui veillaient à sa garde. Il parvint même à se saisir de son rival et l'emmena prisonnier dans le Nord. Les Danois, exaspérés de cet audacieux coup de main, envoyèrent deux navires, l'un dans le Nord, l'autre dans le Sud, avec mission de s'emparer de la personne de l'évêque papiste. Une trahison le leur livra, et, malgré les ordres du roi de Danemark, il fut décapité par ses fanatiques persécuteurs.

Le souvenir de cette farouche exécution est resté vivace en Islande, où l'on dit encore : « Avec John Arason a péri le dernier Islandais. »

Plusieurs poèmes célèbrent sa mémoire toujours vénérée. C'est à ce prélat qu'est due l'introduction de l'imprimerie dans ce pays. John

Arason mourut en 1551, et cette date peut être considérée comme celle de l'abolition légale du catholicisme en Islande.

Il n'y eut plus d'autres persécutions, et les choses allèrent d'elles-mêmes. Peu à peu la mort éclaircit les rangs des prêtres catholiques, qui, sous l'influence du Danemark, furent remplacés par des ministres luthériens. C'est, pour ainsi dire, sans s'en apercevoir que la population devint protestante, et avec si peu de secousses que, de nos jours encore, une infinité de pratiques catholiques sont restées dans le culte public et surtout dans les usages du peuple.

Cependant le Danemark accroissait son influence jusqu'à exercer une véritable souveraineté. Il en usa pour absorber le monopole du commerce, s'empara de tous les navires et bateaux, interdit aux habitants de sortir du pays sans avoir obtenu d'autorisation spéciale, confisqua les armes qui eussent pu aider à un soulèvement, et arracha enfin des principaux habitants, et en particulier des deux évêques protestants, un traité par lequel l'Islande se donnait à lui et se déclarait danoise, à la seule condition qu'il interdirait l'entrée de l'île à tout catholique, et par-dessus tout aux membres de la société de Jésus.

A partir de ce déplorable traité (1616), l'Islande politique est morte ; ses habitants n'ont plus d'armes, plus d'individualité nationale. Ils reçoivent la vie matérielle du Danemark, de lui seul, et se trouvent privés de toute initiative.

Sous un pareil régime, l'Islande va toujours s'amoindrissant, d'autant plus qu'à toutes ces causes d'une décadence irrémédiable viennent s'ajouter les fléaux de la terre, famines et éruptions de volcans. Elle dépérit à ce point que des invasions de corsaires algériens ne trouvèrent aucune résistance chez son peuple autrefois si guerrier, et que beaucoup d'Islandais furent emmenés en captivité.

La vie matérielle se ressentit nécessairement de tant de calamités : les maisons furent moins bien construites que par le passé ; on se négligea dans toutes les habitudes de la vie intérieure et extérieure, et l'on tomba enfin dans cet état de misère contre lequel les Islandais d'aujourd'hui ne songent même plus à réagir.

Nous n'avons plus rien de bien saillant à citer jusqu'à 1809, époque d'une révolution en miniature, qui, quelques jours durant, mit l'Islande en république. Le mot avait résonné jusque-là.

L'Angleterre étant alors en guerre avec le Danemark, un négociant anglais nommé Phelps résolut de profiter de cette circonstance pour passer par-dessus le monopole commercial que les Danois exerçaient sans conteste, et entra dans la rade de Reykiawick en déployant à son bord le pavillon britannique.

Ayant rencontré chez le gouverneur, M. le comte de Tramp, une opposition formelle à ses desseins, il n'eut pas un moment d'hésitation, et, profitant de ce qu'il n'y avait aucune force publique organisée, débarqua avec quelques matelots, fit le gouverneur prisonnier, publia une proclamation où l'Islande était déclarée libre et indépendante, et mit enfin à la tête du gouvernement, comme protecteur de la république, son interprète danois, M. Jorgenson.

Celui-ci prit au sérieux son rôle de Cromwell, gagna le clergé, adopta des mesures de toutes sortes, improvisa un semblant de force militaire, et se mit à parcourir l'île en excitant les Islandais à l'enthousiasme pour cette révolution politique.

Les choses durèrent ainsi deux mois, pendant lesquels M. Phelps ne perdait aucune occasion d'écouler sa marchandise. Un beau jour, arriva sur rade un navire de guerre anglais. Avec sa venue se termina la comédie. Une enquête fut commencée, les faits furent éclaircis, les anciens magistrats danois reprirent leurs fonctions, et le protecteur de la république revint en Angleterre avec M. Phelps, qui, du reste, avait obtenu tout le résultat qu'il voulait. Les anciennes lois furent remises en vigueur, et, quelques jours après, rien ne rappelait plus la pacifique révolution et la non moins pacifique restauration qui s'étaient si prestement accomplies.

Depuis l'époque où le gouvernement danois avait absorbé toute la vie politique de l'Islande, l'Althing avait été supprimé. La dureté de ce régime se relâcha un peu avec le temps; et, en 1848, l'Althing fut rétabli, d'abord avec des restrictions. L'année 1849, qui apporta au Danemark le gouvernement constitutionnel, fit sentir à l'Islande le contre-coup de ce changement, et la population de l'île eut aussi sa représentation nationale.

Cependant le père commun des fidèles catholiques n'avait point perdu de vue ce coin de terre soustrait depuis plus de deux cents ans à son autorité spirituelle. Le 8 décembre 1857, jour de la promulgation de la bulle relative au dogme de l'Immaculée-Conception de la Vierge, le pape décréta les missions du pôle Nord, destinées à évangéliser la Norwège d'abord, et, par extension, les îles Feroë, Shetland, Islande et le Groënland. La petite compagnie de missionnaires, d'abord réunie autour d'un ecclésiastique russe d'origine, converti au catholicisme romain, s'accrut peu à peu, et compte aujourd'hui une trentaine de prêtres.

La France a, pour son compte, détaché de son clergé deux ecclésiastiques voués, depuis quinze ans, à la mission d'Islande, et c'est leur œuvre de propagande que nous avons à faire connaître.

Accueillis d'abord avec défiance par les autorités danoises, qui voyaient en eux les avant-coureurs de l'influence française, les deux missionnaires furent mieux reçus par la population toujours éprouvée, toujours nécessiteuse, et à laquelle ils s'attachèrent à rendre mille bons offices. C'est dans l'est que fut leur premier pied-à-terre, et leur conduite y fut telle, ils surent apporter tant de réserve dans leurs discours et en même temps prêter une aide si efficace aux malheureux, qu'ils ne tardèrent pas à triompher de toutes les préventions et à inspirer à tous, non seulement un grand respect, mais encore une grande affection.

Ce premier succès leur fit concevoir le projet de s'établir à Reykiawick, où les rapports pourraient être plus directs et plus fréquents, tant avec la société islandaise qu'avec les autorités danoises. La mise à exécution de ce projet réveilla contre eux les anciennes préventions. Dès l'abord, ils avaient acquis un terrain et une maison pour y fonder leur établissement et y créer une chapelle. Ce fut le point de départ de l'opposition qu'ils devaient rencontrer, et on leur intenta même un procès à ce sujet. Ayant obtenu gain de cause devant toutes les juridictions, ils continuèrent sans encombre l'œuvre commencée.

Au milieu de cette société scandinave, composée de gens instruits et éclairés, dont beaucoup parlent le français avec facilité, il leur fut facile de se créer des relations, des amitiés et une réelle influence. Aussi, lorsque la chapelle fut ouverte au culte public et que leurs prédications commencèrent, on y vit accourir une assez grande affluence de personnes attirées par l'éloquence persuasive des missionnaires et la suavité de leur morale. Ces prédications ne manquèrent pas de donner lieu à des commentaires, à des interprétations, à des polémiques plus ou moins vives, mais dans lesquels la malveillance n'eut aucune part.

Le maire de Reykiawick, ému de l'influence exercée par les prédicateurs, écrivit à Copenhague pour demander s'il devait ou non laisser continuer ces réunions. La réponse de la métropole fut que la liberté existait pour chacun d'exercer son culte, que les catholiques pouvaient donc aller au temple des Français pour y écouter la parole de leurs ministres, mais que, la propagande étant interdite par les lois locales, il était défendu aux prêtres catholiques de prêcher les Islandais.

C'était poser une barrière infranchissable, et arrêter la mission dans son principe et dans son but. Les missionnaires cessèrent leurs conférences, non sans avoir protesté contre cet interdit qui était aussi hypocrite qu'il était arbitraire. A une lettre qu'ils adressèrent au ministère danois il fut répondu par une fin de non-recevoir sèche et absolue, qui n'entendait pas fournir d'explications embarrassantes. Dès lors, les Pères catholiques rentrèrent dans le silence pour n'en plus sortir de longtemps sans doute.

Déjà, depuis plusieurs années, des pétitions avaient été envoyées à l'Althing pour demander la vraie liberté des cultes. Cette assemblée n'a point résolu la question, mais ne l'a point repoussée non plus, attendant le résultat du travail concerté entre l'Althing et la métropole, pour arriver à promulguer une constitution où la liberté de conscience doit trouver sa place.

De ce que les missionnaires ont cessé leurs prédications publiques il ne faudrait pas conclure qu'ils ont perdu leur temps et renoncé à leur œuvre. Ils ont profité de leur séjour pour approfondir l'étude de la langue du pays, étudier à fond l'histoire, les origines, la littérature du peuple qu'ils espèrent conquérir à leur foi. Ils ont acquis, par leur qualité de propriétaires, par leur conduite mesurée, par l'exemple de leur vie austère et laborieuse, une influence véritable. Les fonctionnaires sont avec eux en relations journalières, on les invite aux grandes cérémonies officielles; bref, ils sont comptés parmi les notables du pays.

Ce n'est pas tout : si la liberté de la prédication leur a été retirée, il leur reste celle de la presse. Plusieurs brochures, publiées par eux, ont été l'objet de commentaires, d'analyses, d'interprétations lus avec intérêt. Les journaux en ont fait le sujet d'articles écrits par des Islandais appartenant à la philosophie et au clergé. Munis d'éditions précieuses et irréfutables des théologiens catholiques et protestants, les missionnaires ont pu faire victorieusement la guerre des textes, se servant contre leurs adversaires des doctrines mêmes de ceux qui font autorité dans la religion réformée, et les battant ainsi avec leurs propres armes. Ils sont donc parvenus, malgré tout, à semer le grain qui ne saurait manquer de fructifier, dès qu'un rayon de liberté lui aura permis de germer.

Alors peut-être on verra l'Islande se relever de l'abaissement dans lequel elle se consume depuis des siècles.

On ne saurait se faire une idée de la déplorable influence que le divorce, fruit du protestantisme, exerce sur les mœurs de la population islandaise ! Grâce à ses effets, la femme, regardée comme un jouet que l'on prend et que l'on abandonne à volonté, n'occupe au foyer domestique qu'une place précaire et tout à fait subalterne.

La mère de famille ne prendra point place à table devant un étranger, et dans tous les cas sera l'humble servante de ses fils. Comment en serait-il autrement sous l'empire d'une législation qui permet de la renvoyer comme une domestique dont les services ne conviennent plus? Les enfants seront partagés tant bien que mal; et, si la pauvre femme, trop vieille ou trop flétrie, ne trouve pas un nouvel appui en même temps qu'un nouveau maître, elle tombera dans la misère en même temps que son lot d'enfants, et viendra grossir le nombre de ceux qu'il faut inscrire chaque année sur le martyrologe de la faim.

Et qu'on ne s'imagine pas que les divorces soient des faits isolés : il est peu de ménages où ils ne se renouvellent pas à diverses reprises. Si l'on mesure l'abaissement d'un peuple au mépris où la femme est tenue, et l'on peut considérer cet indice comme très significatif, on jugera où en est arrivé le peuple islandais. Le catholicisme n'eût-il d'autre effet que de mettre fin à cet horrible désordre, il contribuerait puissamment à régénérer les mœurs du pays.

II

LES ISLANDAIS D'AUJOURD'HUI

Le voyageur qui parcourt les steppes désolées de l'Islande aperçoit, de loin en loin, des oasis de verdure d'un ton éclatant, et généralement situées à mi-côte d'une colline dominant le lit d'un ruisseau. S'il a perdu la trace de son chemin ou que la fatigue lui fasse désirer le repos, il peut avancer avec confiance. Là toujours il rencontrera un *bœr,* ou ferme islandaise, peut-être même un hameau, dont les habitations se montreront à lui peu à peu, à mesure que ses pas rapprocheront la distance.

Ces maisons basses, construites en bois, et recouvertes entièrement de terre, sont tapissées du même gazon qui couvre la prairie, et, de loin, ne tranchent pas sur elle. Ce n'est donc qu'à une faible distance que les portes et les fenêtres font reconnaître la destination de ces buttes de terre gazonnée. Quelquefois même on est étonné de rencontrer un groupe de douze à quinze habitations spacieuses là où, de loin, on n'avait cru voir qu'une pauvre petite masure.

Plus on approche des endroits habités, plus la présence de l'Islandais devient sensible par la forte odeur de tourbe et de morue séchée qu'exhalent toutes leurs demeures. Cette odeur est le fumet caractéristique de l'Islande; on s'en imprègne en mettant le pied pour la première fois sur son sol, et elle ne vous quitte plus jusqu'à la fin.

Bientôt les chiens vous ont aperçu, et un charivari d'aboiements s'élève de toutes parts. Ces chiens ne sont ni bien gros ni bien terribles; ce sont des espèces de loulous, au poil long et fourni, de petite taille, mais dont la voix aigre et stridente ne vous laissera pas un instant de repos.

Quelques femmes, que vous apercevez çà et là dans des costumes de travail où le haillon domine, s'enfuiront à votre vue, ou vous regarderont passer d'un air plus effrayé que prévenant. Envoyez-leur sans crainte le *fay,* ou bonjour islandais, en portant la main au chapeau : votre politesse les gagnera instantanément.

Enfin vous avez aperçu un homme. Adressez-vous à lui, vous trouverez un accueil froid dans la forme, mais amical. Si vous avez soif, prononcez le mot *melk,* on vous donnera aussitôt une grande jatte d'un lait excellent, on vous mènera dans la salle des étrangers, et, pour peu que la maison soit aisée et que vous manifestiez le désir de vous y arrêter, le café au lait chaud, accompagné de biscuits à l'anis, vous sera présenté de la meilleure grâce du monde.

Buvez-le sans crainte; ils s'entendent supérieurement à le préparer.

Bien reposé par cette petite halte, vous pouvez, en partant, laisser une marque de votre générosité. On l'acceptera avec plaisir, mais on ne vous demandera rien. Dans les districts du nord, même, il est fréquent de voir refuser la rémunération offerte, que l'on peut alors distribuer aux serviteurs de la maison. Ceux-ci, l'ayant acceptée, vous tendront la main et presseront la vôtre avec effusion, comme pour indiquer d'une manière touchante qu'ils sont vos obligés et que vous ne leur devez rien pour leurs services.

Entre eux, les Islandais se donnent gratuitement cette hospitalité; mais, malgré la réciprocité, elle devient véritablement une cause d'appauvrissement pour les maisons situées sur les chemins les plus fréquentés.

Les habitations sont beaucoup plus spacieuses que leur aspect intérieur ne semblerait l'indiquer : souvent même elles sont élevées d'un étage, où se trouve alors la chambre à coucher ou dortoir de la famille. Elles comprennent généralement une laiterie, un atelier où le maître renferme ses outils de toute sorte; car, vivant isolés, les Islandais connaissent peu la division du travail et doivent dans la plupart des cas produire par eux-mêmes ce qu'ils ne pourraient se procurer par l'échange des produits et services.

Une autre salle contient les laines et provisions. Enfin, la cuisine comporte simplement un fourneau surmonté d'une cheminée, où quelques pierres carrées servent de trépied pour poser la marmite. Le combustible est invariablement la tourbe, et quelquefois des broussailles de bouleau dans les endroits privilégiés où l'on en rencontre.

On juge que la fumée règne à l'état chronique dans un pareil lieu, privé généralement de fenêtre, et où le tirage ne se fait que très imparfaitement par l'énorme et courte cheminée qui surmonte le fourneau. Tout cela est bas, crépi en boue délayée, et le sol y est formé tout bonnement de terre battue.

Les diverses salles communiquent entre elles par des corridors interminables, très sombres, très bas, où il faut se plier en deux pour y pouvoir circuler, et encore avec les plus grandes précautions si l'on ne veut se heurter aux mille objets suspendus le long des cloisons. Il y a une salle que je ne n'ai fait qu'indiquer et que l'on rencontre dans presque toutes les maisons, même indigentes : c'est la salle des étrangers. Celle-ci est toujours dotée d'une fenêtre vitrée donnant sur la campagne environnante; elle est lambrissée, planchéiée, plafonnée en sapin, et suffisamment haute pour permettre de s'y tenir debout. Là se trouve le lit de l'hospitalité, là aussi sont les trésors relatifs de la famille.

Tout autour de la salle, des coffres, peinturlurés de tons criards, illustrés de dessins variés et naïfs, renferment les habits de cérémonie. Quelquefois, le long des murs, sont accrochés les chapeaux que porte la maîtresse de la maison dans ses jours de toilette, surtout pour aller à cheval. Cette salle est tenue proprement, et, quoique privée de cheminée, elle n'est point froide, à cause des lambris de sapin qui la protègent.

Plusieurs fois, dans nos excursions, nous avons trouvé là une hospitalité très suffisamment confortable pour des chasseurs. Les peaux de mouton et les édredons nous formaient un coucher excellent, et ce qui en rehaussait l'agrément, c'est la bonne grâce avec laquelle chacun se multipliait pour subvenir à nos besoins nombreux d'hommes civilisés. Quelques voyageurs, à en croire leurs récits, se sont plaints de la rapacité de leurs hôtes au moment du départ. Il y a des exceptions à tout; mais, pour notre compte, nous n'avons jamais trouvé que de braves gens très prévenants, toujours satisfaits du petit cadeau que nous leur laissions, et qu'ils acceptaient de nous comme étrangers, parce qu'ils savaient bien que nous voyagions pour notre plaisir et non pour nos affaires, et qu'il ne serait pas juste, d'ailleurs, d'ajouter au faix déjà bien lourd qui accable ces pauvres gens.

L'Islandais est généralement grand et vigoureux. Ses cheveux d'un blond fade et ses yeux bleus donnent à sa physionomie une expression douce et un peu insignifiante. Il est sérieux et grave, comme il convient à l'homme constamment en lutte avec une nature impitoyable. Le cachet des souffrances qu'il endure depuis sa naissance est empreint sur son front. Son cœur est honnête; la vie dure qu'il mène lui apprend qu'il est meilleur d'aider son semblable que de lui nuire. Préoccupé constamment des nécessités les plus humbles de la vie, il s'inquiète peu de ces futilités de costume qui tiennent tant de place dans notre vie civilisée. Vêtu de gros drap, chaussé de peau de phoque, coiffé d'un chapeau de feutre solide et commode, il ne songe pas à d'autre toilette, et son vêtement des grands jours ne se distingue que par plus de propreté, moins de reprises et de morceaux.

S'il est rarement un joli garçon dans sa jeunesse, l'Islandais devient souvent un bel homme, offrant dans ses traits l'image d'un calme à toute épreuve, appuyée sur la force et la santé.

Les femmes sont rarement jolies; leur visage est doux et humble, comme celui de créatures qui n'occupent au foyer qu'une place secondaire. Leurs cheveux, plus jaunes que blonds, sont tressés et relevés derrière la tête, en formant une coiffure assez gracieuse, que complète une petite calotte en laine noire terminée par un long gland. La vie renfermée, que leur imposent et le climat et leurs fonctions domestiques, donne à leur peau une matité sous laquelle on devine un sang appauvri.

Leur plus grand charme est dans la douceur de leur expression, la timidité et la modestie de leurs allures. Il y a sans doute quelques exceptions; cependant je ne puis pas dire avoir rencontré une seule femme véritablement jolie en Islande.

La fraîcheur de la jeunesse est de peu de durée chez ces pauvres créatures, et l'on en voit peu qui, passé trente ans, ne soient usées et enlaidies. Le costume ordinaire des femmes islandaises est bien simple et bien modeste; mais elles en ont un de gala, brodé d'or et d'argent, qu'elles revêtent aux grandes cérémonies, et qui se transmet religieusement de la mère à la fille comme un objet de grand prix.

Ce qui nuit beaucoup aux Islandais des deux sexes dans l'appréciation de l'étranger, c'est la malpropreté incorrigible de leur personne. Même revêtus de leurs plus beaux habits d'une propreté extérieure suffisante, ils laissent deviner la saleté du dessous. La rigueur du climat n'est point étrangère à ce vice de la race; mais une bonne dose d'apathie y est pour beaucoup aussi. Convaincus que tous les efforts ne les tireront pas d'un certain état de misère dans lequel ils se voient condamnés à végéter, ils se laissent aller à la paresse et à l'incurie, n'appréciant pas le temps, qui leur apporte plus de tristesse que de joie.

Ce découragement, dont ils n'ont point conscience et qui a pénétré leurs mœurs et façonné leur caractère, les précipite dans une autre faute, dont les conséquences sont d'une extrême gravité, puisqu'elle perpétue leur misère : je veux parler de l'ivrognerie.

Voilà la grande plaie qui ronge et qui tue ces pauvres Islandais, qui les ruine autant et plus que les éruptions des volcans, les terribles gelées de l'hiver et les épidémies meurtrières. Par un fatal cercle vicieux, l'Islandais boit pour s'étourdir sur ces maux, et par cette malheureuse passion dépense en quelques jours le produit de ses travaux de l'année, compliquant ainsi sa misère et la rendant irrémédiable.

Tous les ans, à certaines époques, les Islandais vont dans les grands centres vendre leurs produits, et en rapporter en échange les provisions nécessaires pour les saisons où les voyages sont impossibles. Mais les marchands de Reykiawick ont des séductions irrésistibles pour reprendre d'une main l'argent qu'ils ont donné de l'autre. C'est l'eau-de-vie qui est leur complice dans cette œuvre immorale et qui paye, en fin de compte, la laine et les peaux apportées au marché. L'Islandais, pendant les trois ou quatre jours qu'il est venu passer à la ville, perd sa raison, qu'il ne retrouve que pour partir, quand son escarcelle est à peu près à sec. Alors il remonte à cheval ; mais la caravane, qui devait emporter la subsistance de toute la famille pour l'hiver, revient avec fort peu de chose, et, les derniers mois venus, la disette se fait sentir cruellement dans la maison.

La disette, fléau périodique dont on vient de voir une des causes; mais ce n'est pas la seule, hélas!

Il n'est que trop fréquent, pendant l'hiver, que certaines parties du pays soient isolées, du reste, par terre et par mer. Les glaces du pôle d'un côté, les neiges et les pluies de l'autre, interdisent pendant plusieurs mois les communications. Si le mauvais temps dépasse leurs prévisions, les pauvres gens en arrivent aux plus dures extrémités, et, après avoir dévoré leurs bestiaux jusqu'à la peau, n'ont plus rien de mangeable. Alors on a recours à ces nourritures sans nom que l'histoire des famines raconte, et, la maladie ne tardant pas à succéder au dépérissement, la mortalité devient terrible.

On peut affirmer que tous les hivers il meurt de faim, en Islande, un nombre de gens assez considérable. Il nous revient à ce sujet une histoire qui nous a été contée par un témoin très digne de foi, et qui montre à quel point la famine peut sévir, même dans les régions les plus favorisées.

Un cheval appartenant à un habitant aisé de Reykiawick mourut d'inanition sur la fin de l'hiver. Trois pères de famille des environs vinrent demander comme une grâce qu'on leur abandonnât son cadavre pour s'en nourrir, eux et les leurs.

La grosse affaire, pour les Islandais, c'est la récolte des foins en été : de là dépend la vie de leur bétail, alors que la terre couverte de neige ne fournit plus d'herbe à ces pauvres animaux. Que les pluies se prolongent et ne leur permettent pas de rentrer les fourrages, ou bien que la sécheresse arrête leur développement, dans les deux cas les provisions manqueront avant que le printemps ait de nouveau reverdi la terre.

Alors l'Islandais chasse ses troupeaux dans la montagne, et les pauvres bêtes, grattant péniblement la neige durcie, devront pourvoir d'elles-mêmes à leur subsistance. Il en meurt chaque année par milliers, et avec eux s'en va la principale richesse du maître.

On le voit, il n'est pas besoin de grands soulèvements géologiques pour déverser sur les pauvres insulaires une série de fléaux. On conçoit donc facilement l'air grave et recueilli de leur visage, fidèle expression de la nature qui les environne et qui, comme eux, ne sourit qu'à de rares intervalles.

Avec le retour du soleil, l'Islandais peut enfin se livrer aux travaux extérieurs qui lui ont été si longtemps interdits. Il bêche et ensemence un carré de terre voisin de sa maison, où il fera venir quelques légumes; il prépare les fers de ses chevaux; puis il va rassembler ses troupeaux dans la montagne et les ramène dans les vallées, où commencent à verdir les premières touffes de l'herbe nouvelle. La récolte des laines terminée, à l'époque des foires il part pour le marché voisin, vend ses chevaux, échange le produit de la quenouille des femmes de la maison. On rencontre alors par les chemins des caravanes de vingt à trente chevaux, marchant lentement à cause du mauvais état des sentiers, et conduits par leurs maîtres qui galopent sur les flancs de la troupe. Chaque soir, après avoir entravé les chevaux, ils dressent une petite tente en grosse toile de coton, sous laquelle se réunit le personnel de ces expéditions, y compris les femmes, qui souvent y prennent part. Le lendemain, on se remet en route dans le même ordre : arrivé au lieu de destination, on dresse alors la tente pour plusieurs jours, et il se forme alors sur la grande place de Reykiawick de petits campements très pittoresques.

Les affaires terminées, si l'intempérance ne s'est pas trop jetée à la traverse durant le séjour, la caravane repart, chargée de sapin, de morue sèche et de mille objets de première nécessité. On n'oublie pas assez souvent le baril d'eau-de-vie, auquel on donne de fréquentes accolades tout le long de la route, ce qui ne laisse pas que d'amener bien des petites péripéties.

Puis vient la récolte des fourrages, grosse affaire, avons-nous dit, dont dépendra tout le reste, et l'hiver revient pour ramener les mêmes maux, qui ne rendront pas les hommes plus prévoyants ni plus sages.

Ceux qui habitent le bord de la mer font presque toujours leurs voyages en canot, et, en raison de la quantité de découpures qui forment le littoral, abrègent considérablement leur route. Ces embarcations sont de grandes baleinières, très bien construites et de formes heureuses, qui peuvent marcher à la voile et à la rame. Hommes et femmes prennent au besoin l'aviron et s'en servent vigoureusement, sans craindre les embrumes de la mer, dont ils sont, du reste, fort bien préservés par d'imperméables vêtements de peau.

D'après la simplicité de cette vie islandaise que nous venons d'esquisser, il ne faudrait pas conclure que les mœurs soient très pures dans cette population d'agriculteurs. Chaque ferme est un petit monde fort nombreux de maîtres et de serviteurs. Chaque lieu habité s'est formé par la réunion de familles différentes, qui ont pourtant l'air de n'en former qu'une seule, car en hiver tous ces gens-là vivent un peu entassés les uns sur les autres.

Nul pays ne compte une plus grande proportion d'enfants naturels, encore augmentée par l'indifférence qu'apportent beaucoup d'Islandais à régulariser par le mariage leur communauté d'existence avec la femme. La législation du pays est protectrice de ces pauvres êtres déclassés ; mais ils n'en composent pas moins la plus forte part de la population indigente, et c'est sur eux que s'appesantissent les tristes fléaux qu'engendre la misère.

La nourriture des Islandais dans les temps prospères, c'est-à-dire dans la bonne saison, se compose de laitage et de poisson, surtout la tête, le reste du corps étant séché et conservé pour l'hiver, et d'une petite quantité de viande. Il faut ajouter à cela des galettes de farine de seigle façonnées par la ménagère. L'hiver, c'est la morue et le poisson salé et fumé, avec une petite quantité de viande de bœuf, de mouton et même de cheval, qui sont leurs aliments habituels. Leur boisson, c'est le lait coupé d'eau et la bière, réservée aux familles aisées.

Un étranger vient-il à la maison, aussitôt le café à la crème paraît sur la table. Le café est pour eux d'un usage perpétuel ; c'est le tonique par excellence qui, en l'absence de boisson alcoolique, leur permet de supporter les grands froids et les pénétrantes humidités : mais aussi c'est une des lourdes dépenses de l'intérieur.

Entre eux les Islandais nous ont semblé avoir des rapports d'une bienveillance quasi fraternelle. Deux cavaliers se rencontrent-ils sur la route, les chevaux sont arrêtés, la conversation s'engage, et l'on ne se sépare qu'après de grandes démonstrations d'amitié. Un Islandais qui a reçu l'hospitalité et qui prend congé de ses hôtes ne manquera pas de les embrasser tous sur les lèvres, et nous avons eu souvent beaucoup de peine à éviter cette cérémonie quelque peu désagréable pour notre délicatesse européenne. Il n'en faut pas moins voir en cela une marque de véritable bienveillance et de mutuelle serviabilité.

En route, deux priseurs se rencontrant s'offriront volontiers une prise de tabac, et cet acte si simple est très comique pour quiconque connaît la tabatière islandaise et la manière de s'en servir. Ce sont des morceaux de corne de bœuf ou de dent de baleine qui la composent, et elle se termine en pointe creusée et communiquant avec l'intérieur ou récipient.

Veut-on une prise, on se fourre la pointe dans le nez et l'on renifle énergiquement. On conçoit l'avantage de ce système dans un pays où règnent de grands vents et de continuels ouragans; mais ce que l'on conçoit moins, c'est la facilité avec laquelle la même tabatière passe du nez de son propriétaire dans le nez voisin, ou même dans le nez du premier venu auquel on veut faire une politesse.

III

CE QUE PRODUIT L'ISLANDE

Les produits et les ressources d'un pays déshérité du ciel sont nécessairement bien restreints, et peut-être le sont-ils encore davantage par la faute des hommes nés sur cette terre ingrate. Il n'y a en Islande presque aucun arbuste, aucune plante présentant une importance plus grande que celle de l'herbe des champs. Cependant les petits bois de bouleaux nains que l'on trouve dans le nord font voir que, pour si difficile que soit l'acclimatation d'arbres quelconques, elle ne serait peut-être pas absolument impossible. Mais on peut dire que les essais n'ont pas été sérieusement tentés, et que celui qui réussirait dans une pareille entreprise rendrait cependant à ce pauvre pays un service incalculable. Si chétif que fût un arbre, sapin ou bouleau, qui viendrait couvrir les vallons et les pentes à l'abri du vent, cette végétation transformerait l'Islande; car, en s'étendant de proche en proche, elle gagnerait en énergie et parviendrait à rendre le climat beaucoup plus supportable.

Pour le moment, la seule richesse végétale de l'Islande, c'est cette herbe courte et drue, mais douée de propriétés éminemment nutritives et généreuses, qui permet à l'Islandais de nourrir un nombreux bétail.

Dans le règne animal et dans le règne minéral, les richesses seraient plus abondantes; mais elles se trouvent bien amoindries par l'incurie et la nonchalance de ceux qui auraient tant d'intérêt à les faire fructifier. Il faudrait pour cela pouvoir les mettre en communication, et c'est à quoi nul ne paraît songer sérieusement.

Les Islandais possèdent de nombreux troupeaux de bœufs, de chevaux et de moutons. Ces animaux, vivant presque à l'état sauvage, se reproduisent à l'aventure, sans direction aucune. A-t-on besoin d'un cheval, le maître, qui sait à peu près dans quel canton l'animal a l'habitude de paître, envoie un domestique à sa recherche. Celui-ci court quelquefois pendant des heures et revient sans rien ramener. On ne s'inquiète pas pour si peu : la vie est longue en Islande, le temps s'y écoule si lentement! et comme on n'a pas à craindre les voleurs, on sait qu'on retrouvera son cheval un jour ou l'autre.

Les moutons ont une laine très longue et très fournie; on la recueille si négligemment qu'elle tombe partout et que les champs en sont semés. Au moment de la tonte, il n'est pas rare d'en rencontrer qui sont à demi dépouillés de leurs toisons, tandis que le reste s'éparpille à tous les vents. La tonte se fait, du reste, par un moyen tout à fait primitif : au moment de la mue, alors que la laine commence à tomber d'elle-même, les femmes l'arrachent avec leurs doigts et la ramassent : procédé qui n'a rien de cruel, car la bête n'est pas même attachée et se laisse faire sans manifester la moindre impatience.

Les bœufs et les vaches sont aussi en grand nombre; celles-ci donnent un lait de qualité supérieure : ressource précieuse pour l'alimentation. Mais les animaux types de l'Islande, ceux dont les qualités excitent l'admiration et l'étonnement des étrangers, ce sont les chevaux. Leur taille est petite; mais que leurs formes et leurs proportions sont prisées par les vrais connaisseurs! Leur sobriété pourrait être comparée à celle du chameau. Ils ne vivent absolument que de ce qu'ils ramassent eux-mêmes sur la terre ingrate. L'hiver, on les abandonne dans les champs, ou on les abrite dans quelque gorge de montagne.

Les chevaux des riches sont les seuls qui connaissent l'écurie pendant la dure saison; les chevaux des autres habitants supportent toutes les rigueurs du climat. A la fin de l'hiver, ils sont si maigres, si chétifs, qu'ils paraissent n'avoir plus que le souffle, et que beaucoup périssent de consomption. Mais à peine les premières pousses de l'herbe nouvelle ont-elles percé la surface du sol qui vient de boire la neige fondue, qu'on les voit reprendre vigueur, se redresser avec une merveilleuse rapidité, si bien qu'au bout de quelques jours ils deviennent capables de supporter de très grandes fatigues.

D'une douceur et d'une patience à toute épreuve, ne réclamant aucun soin ni aucune peine, ils arrivent le soir à l'étape, après avoir marché tout le jour. Ils sont alors entravés dans un lieu où ils pourront brouter à leur aise : on ne s'en occupe pas autrement. Malgré leur petite taille, ils portent des fardeaux énormes pendant de longues journées, traversant sans broncher des sentiers ardus et rocailleux, passant à gué les torrents les plus rapides, et regardant à leurs pieds dans les endroits difficiles pour chercher leur point d'appui.

N'essayez pas de les diriger, vous les tromperiez. Surtout ne les violentez pas s'ils refusent d'avancer : c'est que le sol détrempé n'est pas sûr et s'effondrerait sous leur poids. Leur admirable instinct vaut mieux que nos yeux doublés de raisonnement, et c'est justement pour cela qu'il ne faut jamais les soupçonner de désobéissance.

Excellentes petites bêtes, quiconque a voyagé avec votre secours a conservé de vous un souvenir ému de toutes les fatigues que vous lui avez épargnées, et de la patience douce et résignée avec laquelle vous répondiez à tout ce qu'il exigeait de vous!

Les chevaux, de même que l'espèce bovine et l'espèce ovine, se reproduisent comme ils l'entendent, c'est-à-dire en toute liberté, ce qui amène les assemblages de couleurs les plus bizarres et les plus disparates. Les chevaux pies, les plus fréquents en Islande, ne sont pas dépréciés pour cela; cependant les plus estimés, à juste raison, sont les blancs, qui sont presque toujours plus vigoureux que les autres et d'une plus belle *performance,* comme on dit en langage de *turf.*

Le règne minéral, s'il pouvait être exploité facilement, fournirait peut-être à l'Islande d'importantes ressources. Sa principale richesse, jusqu'à présent, est la tourbe répandue partout à profusion et qui est le seul combustible. Il n'est pas une habitation qui n'ait dans son voisinage la tourbière qu'elle exploite et qui lui fournit la chaleur de son foyer. Les environs de Reykiawick, notamment, forment une vaste tourbière coupée de fossés profonds et de tranchées que bordent des tas de petites mottes cubiques que l'on met sécher à l'air.

Si la terre est parcimonieuse pour ses habitants, la mer, quoique bien dure pour eux, est du moins généreuse. Il n'y a pas d'eaux plus poissonneuses que celles qui baignent les côtes d'Islande, et qui font affluer, chaque saison, dans ses torrents des saumons énormes. Dans les fiords, les plies, les saumons, les capelans, les harengs, suivant l'époque, fourmillent en prodigieuse quantité. Au large, les morues, les apokals, les requins, les phoques, les cétacés de toutes grandeurs forment les éléments d'une richesse inépuisable, et l'Islandais en tire le plus clair de sa subsistance.

Les apokals, les requins, les souffleurs lui fournissent une huile précieuse extraite des foies de ces hôtes de la mer. La pêche de la morue, en toutes saisons, attire sur le littoral un grand nombre de bâtiments, et les hommes d'équipage, les Français surtout, dépensent assez d'argent à droite et à gauche, sans diminuer en aucune sorte la part de l'Islandais, qui prend toujours autant de poissons qu'il en veut pêcher. Chaque maison sur la côte est une sécherie de poissons, chaque caravane en transporte dans l'intérieur, chaque bateau que l'on voit à la mer est armé en pêche.

Les oiseaux de mer eux-mêmes forment un revenu important produit par la vente de leurs plumes; mais parmi ceux-ci il faut mettre en première ligne l'eider, sorte de canard à moitié domestique, qui nous fournit le moelleux édredon.

Rien de curieux comme la manière dont on s'approprie cette précieuse marchandise. On habitue les elders, qui vivent en grandes troupes, à venir fréquenter certains quartiers réservés, le plus souvent sur des îlots, que l'on entoure d'une surveillance sévère, de façon que rien ne vienne altérer la sérénité de l'existence de ces intéressants volatiles, ni leur mettre en tête le désir de quitter le séjour qu'on leur a choisi. Les lois du pays viennent en aide à ces mesures, en frappant de peines sévères ceux qui attenteraient à la vie des elders, ou même leur causeraient de trop fortes émotions par le bruit d'armes à feu tirées dans leur voisinage.

Au moment de la ponte, la mère elder, qui est douée d'un cœur tendre, ne trouvant rien sur la terre qui lui permette de déposer mollement l'espoir de sa race, s'arrache de la poitrine le duvet qui la recouvre et leur prépare ainsi une couche chaude et douillette.

Mais le propriétaire est là qui veille.

Rien n'est sacré pour le propriétaire quand il s'agit de percevoir le prix de ses loyers, et, vis-à-vis de ces pauvres mères, il ne manque jamais de procéder par voie de saisie, s'emparant sans vergogne et traîtreusement des œufs et du duvet. Il mange les œufs, et le duvet, qui est l'édredon, devient l'objet d'un commerce fructueux.

La mère elder, frustrée dans ses espérances

de maternité, mais que la nature a dotée d'un cœur tout rempli de l'esprit de famille, après avoir versé quelques pleurs sur ses rêves de bonheur détruits, reprend courage, arrache les plumes qui lui restent, et dépose une deuxième couvée dans quelque autre cavité où le propriétaire rapace vient encore la dénicher pour se créer de nouveaux profits.

Accablée cette fois de douleur et n'ayant plus un brin de duvet dont elle puisse composer pour sa lignée un berceau convenable, l'infortunée court épancher ses chagrins dans le sein de son époux, qui la console de son mieux, lui redonne du courage, et, se sacrifiant à son tour, arrache les plumes de son ventre pour refaire un troisième asile à ses enfants. Cette fois, l'amour paternel est vainqueur, et le propriétaire inhumain, qui comprend parfaitement son propre intérêt, après avoir jeté deux fois la désolation chez ces parents modèles, respecte enfin ce dernier effort de dévouement.

Il est vrai de dire que le duvet du mâle, relativement rude et grossier, ne saurait faire l'objet d'un trafic avantageux, et qu'enfin il faut songer aux bénéfices futurs.

L'eider n'est pas le seul oiseau, dans ces latitudes, qui soit d'un grand profit pour les Islandais : il s'y rencontre encore de certaines espèces de canards dont on recueille les plumes, en les tuant tout simplement, et en ne laissant que ce

qui est nécessaire rigoureusement pour perpétuer la race. Mais tous ces animaux pullulent tellement, que la barbarie des procédés de récolte ne tarit point son importance annuelle.

Disons un mot, avant de terminer ce chapitre, de l'état sanitaire de l'Islande.

Comme on peut le conjecturer d'après les détails dans lesquels nous sommes entrés, cet état sanitaire est déplorable. L'humidité continuelle, la nourriture mauvaise et trop souvent insuffisante, l'habitation de lieux mal aérés engendrent des maladies de toutes sortes et une mortalité qui, sur les enfants particulièrement, est effrayante.

Arrivés à l'âge adulte, les hommes sont sains et vigoureux : cela tient à la vie qu'ils mènent au grand air ; mais combien succombent avant d'arriver à cet âge !

Les mariages entre consanguins ne sont pas non plus une médiocre cause de la débilité des enfants, et ces mariages sont très fréquents dans le pays. En résumé, on peut affirmer que l'Islandais que l'on voit grand, calme et fort, au milieu de la nature inclémente de son île, a été trié entre des centaines d'autres dont les corps reposent dans la terre, parce qu'ils n'ont pas eu la vigueur nécessaire pour atteindre l'âge d'homme.

IV

LA LITTÉRATURE ISLANDAISE

La langue islandaise, de même que le danois, le suédois et le norwégien, se rattache à la souche des langues scandinaves; par suite des migrations nombreuses de ces peuples aventuriers, elle s'étendit dans les Orcades, les Shetland, les Féroë et le Groënland; mais ce n'est qu'en Islande qu'elle s'est jusqu'à nos jours conservée dans toute sa pureté. Dans les autres pays cités plus haut, on voit en effet, à la suite d'invasions et de révolutions, la langue s'altérer peu à peu et finir par ne plus laisser que des vestiges qui se conservent chez le bas peuple seulement.

Les plus anciens livres islandais datent de l'an 1120; mais bien avant ce temps existaient des monuments du génie littéraire de ce peuple : ouvrages poétiques pour la plupart, conservés seulement dans la mémoire des hommes, se

6*

transmettant de génération en génération, et célébrant les hauts faits et les beaux coups d'épée des guerriers du passé.

Dans les temps primitifs, en effet, et cet usage venait de la Norwège, où il existait depuis des siècles, les grands et les puissants s'attachaient les scaldes ou poètes, qui, sans abandonner le sabre et le bouclier, composaient les poèmes destinés à immortaliser les événements auxquels ils avaient assisté. Ce goût de la poésie était si universel, que les grands seigneurs eux-mêmes ne dédaignaient point de prendre part à ces luttes poétiques.

Toutes ces premières manifestations intellectuelles eussent été perdues pour nous, si dans le cours du XIIe siècle, lorsque l'usage de l'écriture fut généralisé, un grand nombre d'auteurs n'eussent réuni de toutes parts ce qui demeurait à l'état de tradition ou de légende dans la mémoire des hommes, pour en composer ces *Sagas* qui sont comme les rudiments exquis de la littérature islandaise.

Écrites en prose, elles relatent l'histoire des principaux personnages du passé, rois de Norwège, grands guerriers de l'Islande, et à chaque page introduisent, sous forme de citation, les anciennes poésies qui furent faites à l'occasion de ces personnages, ou du moins les fragments de ces poésies qui n'avaient pas disparu et qu'il fut possible de réunir.

Cette époque forme la deuxième et la plus brillante de la littérature islandaise, si l'on compte comme première époque celle de la composition de ces poèmes, dont nous devons la connaissance et la conservation à la seconde. Les XIIe, XIIIe et XIVe siècles sont donc l'âge d'or de la littérature islandaise. En ce temps, telle était la multitude des livres et leur mérite, qu'on peut dire, en tenant compte de l'importance de la population, qu'aucune nation d'alors n'écrivit un si grand nombre d'ouvrages.

Ces ouvrages, en nous fournissant des spécimens remarquables de l'éclat des lettres à ces époques, et en nous faisant connaître ceux des temps antérieurs, ont en outre le mérite de nous dévoiler l'histoire des premiers âges des peuples du Nord, leurs mœurs, leurs usages, leurs révolutions : renseignements précieux, les seuls qui soient parvenus jusqu'à nous, et sans lesquels, par conséquent, nous ne saurions rien de ces hordes nombreuses dont les invasions ont rempli le monde, créé des races fortes et vaillantes, et fait trembler nos pères jusque sur les rives de la Seine.

Le nombre de ces compositions littéraires est immense, et plusieurs sont devenues célèbres de nos jours. « Le style de ces vieilles traditions, « dit M. Marmier dans ses *Lettres sur l'Islande*, « est simple, dénué d'ornements, souvent trop « uniforme, mais ferme et abondant. »

Les auteurs d'alors ignoraient l'art de séduire les auditeurs par des préliminaires attrayants et des tours de phrase ingénieux ; ils disaient ce qu'ils savaient et comme ils le savaient, commençant une histoire *ex abrupto*, comme nous commençons nos contes : « Il y avait une fois. » Puis, les voilà partis sans jamais changer d'allure, allant de bataille en bataille, d'événement en événement. Souvent ils se croient obligés de retracer toute la généalogie de leurs héros, remontant aussi haut que possible ; si haut même que l'histoire court le risque de tomber dans la fable.

En maintes occasions, ils font marcher de front les faits et gestes de cinq ou six personnages différents, et quand ils ont assez de l'un d'eux, ils le lâchent tout simplement en déclarant que celui-ci est désormais hors de la Saga, et dès lors le lecteur n'en entend plus parler.

Ils aiment la forme du dialogue et l'emploient avec habileté, quoiqu'ils ne s'appliquent peut-être pas à la rendre aussi vive, aussi dramatique que certains sujets le comporteraient. Beaucoup de sang-froid, du reste, et une rare modestie dans les récits qu'ils nous ont légués. Ils racontent sans s'émouvoir et sans se permettre ni digression ni observation. La philosophie de l'histoire n'existait pas encore pour eux, et nul n'en sera surpris.

Dans ces livres, les actions héroïques s'enchaînent les unes aux autres ; les faits les plus étranges se succèdent : apparitions de fées, nains fabriquant des armures, géants plus grands que les montagnes, sont racontés avec la même conviction que les voyages les plus ordinaires et les réunions annuelles de l'Althing. C'est le récit familial dans toute sa candeur naïve, l'histoire dans toute sa nudité.

Cependant ils dépeignent avec un soin minutieux les personnages qu'ils mettent en scène ; on les reconnaîtrait à leur démarche, à leur regard. Ils trouvent parfois, sans les chercher, de magnifiques comparaisons et des images grandioses, et le calme avec lequel sont décrites les scènes tragiques leur prête un caractère plus solennel, et donne un étrange relief aux événements dont il évoque le souvenir.

Ce sont des pages d'histoire véritablement belles enchâssées dans un conte d'enfant, de grands tableaux qui se détachent majestueusement sur un fond terne, dans une vaste salle à demi éclairée.

Nous n'allongerons pas davantage ce chapitre, qui n'a pas la prétention de devenir un cours de littérature islandaise ; mais, pour donner au lecteur une idée de ce qu'était cette littérature à une époque où il n'en existait, pour ainsi dire, pas chez les nations qui sont aujourd'hui les plus éclairées de l'Europe, nous reproduirons quelques parties de l'une des Sagas les plus fameuses, écrite primitivement en langue islandaise, et traduite au XIIe siècle en excellente latinité.

V

LA SAGA DE GUNLANG

Un jour Thorstein, fils d'Egil, eut un songe mystérieux qui préoccupa vivement son imagination à son réveil. Il avait vu un cygne blanc comme la neige se poser sur sa maison ; deux aigles étaient survenus, qui, s'étant entre-déchirés avec rage, tombèrent inanimés auprès de lui. Le cygne les regardait en pleurant, lorsqu'un autre aigle survint qui l'emmena avec lui.

Un des amis de Thorstein, à qui il confia son inquiétude, lui donna l'explication suivante : « Tu auras une fille, pour laquelle deux hommes combattront et mourront ; mais après eux viendra un autre qui l'épousera. »

Peu après, la femme de Thorstein donna le jour à une fille qui fut nommée Helga.

Au nombre des voisins était un jeune homme du nom de Gunlang, qui fut bientôt le compagnon d'enfance d'Helga, et s'éprit plus tard de cette Islandaise, qui était fort belle. Celle-ci répondit à un sentiment qui s'accroissait de jour en jour, entretenu par une estime réciproque.

Gunlang ayant demandé la main de la jeune fille à son père, celui-ci répondit favorablement et ajouta : « Gunlang est encore bien jeune ; qu'il voyage pendant trois années, et à son retour je lui donnerai ma fille. »

Gunlang partit donc, le cœur gros, mais confiant dans la parole du père, et dans les larmes et la fidélité de sa fiancée.

Il voyagea longtemps, visita le Danemark, l'Allemagne et l'Angleterre. Son talent de poète s'était développé, et il allait chez les princes, dont il chantait les exploits. Chez un de ces princes, il concourut dans une lutte poétique avec un de ses compatriotes nommé Rafn, et remporta le prix. Dès lors il eut un ennemi implacable, et Rafn ne lui pardonna jamais sa défaite.

Gunlang, cependant, retenu en Angleterre par une guerre à laquelle il avait pris part à côté du roi, et dont il ne pouvait s'éloigner sans honte, fut retenu loin de son pays plus qu'il n'eût voulu, tandis que Rafn avait pu, depuis un an, revoir la terre d'Islande.

A son arrivée, il avait remarqué la beauté d'Helga, et avait recherché son alliance; mais Thorstein, fidèle à sa parole, avait allégué son engagement. Un an après, Rafn ayant renouvelé ses instances, et Thorstein n'entendant plus parler de Gunlang, un nouvel engagement eut lieu entre le soupirant et le père. La pauvre Helga pleura beaucoup, mais dut fléchir devant l'autorité paternelle. Rafn était au comble de la joie, moins peut-être à cause de la certitude de posséder la femme qui lui avait inspiré de l'amour que parce qu'il se vengait ainsi de son ancien rival.

Le jour même où l'on célébrait le mariage, Gunlang revenait d'Angleterre. On devine avec quelle tristesse il assista à cette noce qui renversait le rêve de sa vie. Helga et lui se regardaient en pensant à leurs espérances si cruellement déçues ; mais ils étaient trop loin l'un de l'autre pour pouvoir se parler. Après le repas, cependant, ils purent se rapprocher, et, après s'être entretenu avec elle, Gunlang ajouta cette strophe :

Jamais le sommet doré de nos montagnes n'a eu d'éclat comparable à la beauté d'Helga, qui va passer des mains de Thorstein dans celles de Rafn. Thorstein, ce guerrier blanchi dans les combats, père avare d'une jeune fille à peine nubile, n'a pas craint de la laisser acheter en vue d'un gain honteux.

Ensuite il dit ces autres vers :

Et pourtant je ne saurais assez rendre grâce à ton père et à ta mère, malgré la mortelle douleur qu'ils me causent, ô jeune fille, toi pour qui s'épuise tout le génie de ton poète, d'avoir mis au monde un être aussi parfait. Reçois, comme un gage de tendre souvenir, ce vêtement brodé par l'art des Phrygiens.

Et en même temps il lui fit présent d'une tunique d'un très grand prix, qui lui avait été donnée par le roi Ethelred, et qui lui valut de la part d'Helga une grande reconnaissance.

L'été suivant, Gunlang se rendit à l'Althing, et là, s'avançant au milieu de l'assemblée, il appela Rafn. Celui-ci s'étant présenté : « Tu m'as enlevé frauduleusement la femme que j'aimais, lui dit-il, et je veux me venger. Je te provoque au combat. » Rafn accepta, et l'on prit jour, choisissant une île voisine qui avait le privilège de servir de théâtre à ces sortes de rencontres.

Aussitôt que Gunlang eut débarqué dans l'île, les vers suivants sortirent de sa bouche :

Salut ! île, je descends pour occuper ton arène. Que le destin soit favorable au poëte et donne des flammes à ses armes. Puisse-t-il fendre la tête à celui que brûle le désir de posséder Helga, et la détacher du corps avec son épée étincelante !

Rafn lui répondit :

Nul ne pourrait dire à qui le destin réserve la victoire. Le glaive donnera la mort, et la faux plus acérée encore coupera une moisson sanglante. Mais la jeune beauté, tout en déplorant la perte de son fiancé ou celle de son époux, ne pourra entendre sans admiration les hauts faits des combattants, que rendront plus mémorables encore les récits du peuple.

Dans ce premier duel Gunlang fut blessé légèrement, et, malgré son désir de continuer la lutte, les amis des deux champions s'interposèrent pour la faire cesser.

A l'occasion de cette rencontre, le duel ayant été interdit en Islande, Rafn proposa d'aller le recommencer sur la terre de Norwège, où nul ne viendrait les empêcher d'assouvir la haine qu'ils ressentaient l'un pour l'autre.

Gunlang s'empressa d'accepter, et ils partirent pour la Norwège.

Le combat recommença donc plus âpre et plus furieux. Cette fois, les témoins avaient pris part à la lutte, et déjà tous deux gisaient inanimés sur le sol, lorsque les deux champions se ruèrent l'un sur l'autre avec une colère nouvelle. Ici, nous citerons textuellement la Saga :

Plusieurs fois ils s'attaquèrent en se portant des coups violents et réitérés. Gunlang était armé d'une riche épée qu'il tenait du roi Ethelred : d'un coup de cette épée il coupa le pied de Rafn. Celui-ci ne tomba pas cependant, mais fut contraint de s'appuyer sur un tronc d'arbre. « Tu es hors d'état de combattre, lui dit Gunlang, et je ne veux pas, puisque tu es blessé, lutter plus longtemps avec toi.

— Il est vrai que je ne devrais plus espérer de vaincre, répondit Rafn ; mais je pourrais cependant lutter avec avantage si l'on me donnait un peu d'eau.

— Tu ne me tromperas pas, lui dit alors Gunlang, si je t'apportais de l'eau dans mon casque ?

— Non, dit l'autre, je ne te tromperai pas. »

Gunlang se dirigea alors vers un ruisseau, et remplit d'eau son casque, qu'il vint en toute confiance présenter à Rafn : mais celui-ci, tout en allongeant la main gauche comme s'il eût voulu, en effet, prendre le casque, frappa de la main droite la tête de Gunlang et lui fit une grave blessure.

« Tu m'as trompé, lui dit Gunlang, et tu as agi avec méchanceté.

— Oui, dit Rafn, mais je ne pouvais pas te laisser aimer la belle Helga. »

Ils reprirent le combat avec plus d'acharnement encore, jusqu'à ce qu'enfin Rafn mourut d'une blessure que lui fit Gunlang. Alors les guides s'approchèrent et bandèrent la blessure de Gunlang, tandis qu'il improvisait ce qui suit :

Rafn, guerrier célèbre par son audace et son intrépidité dans le tumulte des combats, est venu se mesurer avec moi. Il combattait en héros, ses armes étaient sonores. On a vu l'acier jeter des flammes autour de Gunlang, alors que le soleil, au milieu de sa carrière, dardait ses brûlants rayons. Gunlang y combattit de près avec ses armes acérées. Les guerriers futurs aimeront à entendre ce récit.

Puis on enterra les morts, on plaça Gunlang sur son cheval, et tous se dirigèrent vers Lifangnia. Là, après trois nuits de souffrances, pendans lesquelles le prêtre le fit participer aux mystères sacrés, Gunlang rendit son âme à Dieu et fut enterré là.

Ce tragique événement ne tarda pas à être connu en Islande ; mais avant que la renommée en eût porté la nouvelle, un pressentiment était venu avertir les amis de Gunlang.

Illugius le Noir, alors dans sa maison de Gilsback, vit Gunlang couvert de sang lui apparaître pendant son sommeil, et l'entendit prononcer ces mots :

> J'en suis venu aux mains avec Rafn, et l'acier sanglant a pénétré ses os. Confiant dans la force de son épée, il menaçait de percer mon bouclier et voulait ma perte. Le vautour altéré de sang et repu de cadavres n'est pas venu pour boire le sang qui sortait de mes blessures, et cependant un ennemi perfide a, par trahison, fendu la tête de ton ami Gunlang.

Illugius, à son réveil, garda le souvenir de cette apparition et la raconta à diverses personnes. Cette même nuit, Mostelli eut un songe analogue. Il crut voir Rafn tout couvert de sang et lui disant ces vers :

> Les glaives se sont teints de sang, et c'était le plus horrible des glaives qui brillait devant moi. Ils ont, dans les pays d'outre-mer, enfoncé les armes pénétrantes dans les cuirasses; un nuage épais de sang coagulé a couvert ma tête, et l'oiseau de proie peut maintenant assouvir ses instincts carnassiers au milieu des guerriers blessés.

Helga prit le deuil, et son cœur se ressouvint plus souvent de Gunlang que de Rafn. Avec le temps, elle obéit encore une fois au désir de son père, et se remaria; mais son mari respecta toujours un passé auquel il ne voulut jamais faire une allusion même détournée, et lorsqu'elle fut près de mourir, elle se fit apporter le vêtement dont naguère Gunlang lui avait fait présent.

Ce fut sur cet objet, qui lui rappelait les plus doux comme les plus amers souvenirs de sa jeunesse sacrifiée, qu'elle jeta son dernier regard.

Ici se termine l'histoire de Gunlang, fils d'Omstrug; mais de cette Saga, nous n'avons pu donner que le squelette, et c'est par ses développements et ses détails poétiques qu'elle excite principalement l'admiration des lettrés.

FIN

TABLE

PREMIÈRE PARTIE

DEUXIÈME PARTIE

13791. — Tours, impr. Mame.

[illegible], par Étienne Gervais.

[illegible] (les), [illegible] par lui-même.

[illegible] de [illegible] (la), par Mlle Louise Diard.

[illegible] (les), Souvenirs [illegible]

Bouquet de Roses (le), par Mme [illegible]

[illegible], ou l'Ange de la réconciliation, par Marie-Ange de T***.

[illegible] célèbres (les), par [illegible] de Chavannes.

[illegible] du Père Vincent (les), ou [illegible]

[illegible]

Par-dessus le buisson, par Jean Grange.

Parmentier, par Fr. Joubert.

Pêcheur de Penmarck (le), par E. Bossuat.

Petit Duc (le), [illegible] Deshoulières de [illegible]

Proverbes et Nouvelles, par Jean Grange.

Récits américains, par [illegible]

[illegible]

www.ingramcontent.com/pod-product-compliance
Ingram Content Group UK Ltd.
Pitfield, Milton Keynes, MK11 3LW, UK
UKHW021535260726
13993UKWH00002B/505